EU QUERIA SER ALLAN
KARDEC

Do mesmo autor de:

Paris, setembro de 1793
O Magneto
Ombra e Lutz
Alor
Perdão
Quando chega o Natal
Eu queria ser Bezerra de Menezes

Mauro Camargo

EU QUERIA SER ALLAN
KARDEC

ROMANCE ESPÍRITA

LaChâtre

© 2016 Mauro Cesar Bruginski Camargo

Programação visual da capa:
ANDREI POLESSI

Imagem da capa
Zé Otávio

Revisão textual
SANDRA KNOLL

Instituto Lachâtre
Caixa Postal 164 – CEP 12914-970
Bragança Paulista – SP
Telefone: 11 4063-5354
Site: www.lachatre.org.br
E-mail: editora@lachatre.org.br

1ª edição – Setembro de 2016
Do 1º ao 3.000º exemplar

A reprodução parcial ou total desta obra, por qualquer meio,
somente será permitida com a autorização por escrito da editora.
(Lei nº 9.610 de 19.02.1998)

Impresso no Brasil
Presita en Brazilo

CIP-BRASIL. CATALOGAÇÃO NA FONTE
Camargo, Mauro Cesar Bruginski, 1962 –

Eu queria ser Allan Kardec / Mauro Camargo – 1ª ed. – Bragança Paulista, SP : Lachâtre, 2016.

ISBN: 978-85-8291-055-9
256 p.

1. Allan Kardec (1804-1869) 2.Espiritismo. 3.Romance espírita. I. Título.

CDD 133.9   CDU 133.7

Os adversários do espiritismo não se esqueceram de armar-se contra ele de algumas divergências de opiniões sobre certos pontos da doutrina. Não é de admirar que, no início de uma ciência, quando ainda são incompletas as observações e cada um a considera do seu ponto de vista, apareçam sistemas contraditórios.

(Santo Agostinho – "Conclusão" de *O livro dos espíritos*)

Prefácio

Eu planejava escrever um livro quando conheci o jovem Henrique Brandão, que já tinha tido esta experiência junto a um escritor do plano físico. Nosso contato aconteceu quando participamos de um encontro para estudar o período histórico em que viveu Allan Kardec e foi lá que fomos apresentados por pessoas que sabiam o que ele fez, e sabiam o que eu queria. A experiência de Henrique havia sido muito interessante, embora bastante diferente do que imaginava, sendo que, da interação entre ele e o escritor, saiu o livro *Perdão*, uma espécie de ficção espírita, ou uma maneira elegante de preservar a vida e a intimidade de personagens.

Junto com Henrique fiz meus primeiros contatos com o escritor, tanto no plano espiritual, quanto no plano material, quando o acompanhei no dia a dia. Logo entendi as dificuldades encontradas por Henrique, que me acompanhou nestes encontros para que eu não me assustasse tanto e desistisse. "No final vai dar certo", dizia ele. Então aprendi a conviver com futebol, televisão, contas para pagar, viagens, congestionamentos, pacientes (o escritor é dentista), falta de inspiração (pode?), política, *facebook*, *whatsapp*, entre tantas outras coisas que são da vida de quase todo ser humano. Pode-se condenar o médium por causa disso? Não, claro que não, principalmente no dia a dia. Porém, diante disso, como eu faria para produzir com ele um livro? Explicarei mais adiante.

Pelo que fiquei sabendo do escritor, é comum perguntarem se seus livros são psicografados e mesmo ele tem alguma dificuldade para explicar o assunto, por saber a estranheza que a explicação muitas vezes causa. Por isso, vou tentar ajudar ampliando a percepção do contexto: tudo acompanha o progresso e nada foge dele. Foi preciso que mesas deslizassem por salões e pancadas, que não eram dadas por mãos físicas, respondessem perguntas através de códigos para que um eminente professor, chamado Hippolyte Léon Denizard Rivail, expoente no seu tempo, se interessasse pelo fenômeno. Na verdade, naquela época foi uma explosão de fenômenos dos mais diversos tipos envolvendo a mediunidade e o animismo (fenômeno que injustamente ainda assusta os espíritas), em várias partes do mundo, obedecendo a um amplo programa dos responsáveis pela humanidade. Depois de plantada a semente do espiritismo, fomos acompanhando o crescer e o recrudescer de fenômenos, de acordo com a necessidade da evolução das pessoas e de grupos de pessoas. Materialização, psicografia, cura, psicofonia, transfiguração, escrita direta, psicometria, bicorporeidade, que aconteciam através de pessoas muito sérias, ou, às vezes, nem um pouco sérias, para que o assunto chamasse a atenção.

A história do espiritismo é tomada de resistências e perseguições. Quanto mais os fenômenos impressionavam, mais opositores apareciam, porém, muitas pessoas também entendiam a necessidade de olhar a vida de outra maneira. Foi de aceitação e resistência, em muitos campos, que o espiritismo cresceu e se espalhou, com os livros, com os centros espíritas, com os abnegados médiuns palestrantes. Chegou à televisão, ao teatro, ganhou os cinemas, tornou-se popular, mesmo que ainda aconteça tanta mistura entre espiritualismo e espiritismo de fato.

Há não muito tempo chegavam às nossas mãos livros excelentes, escritos por médiuns primorosos no uso de seu dom.

Chico Xavier, para citar apenas um espírito maravilhoso e não ser injusto com muitos, sentava-se à mesa, pegava o lápis ou a caneta, e escrevia, e escrevia, e escrevia. Permitia que os espíritos contassem aos encarnados o que era a vida espiritual e sua imediata inter-relação com a vida material. Ensinavam a necessidade da bondade, do amor e do perdão através das evidências da ação e reação que nos dirigem. Era necessário não apenas que isso fosse contado, mas também que se acreditasse no médium, e não faltaram exemplos para a comprovação da autenticidade do fenômeno mediúnico, tanto o dele como o de muitos outros. Mas médiuns desde quilate hoje estão em menor número, é evidente, e a quantidade de leitores aumentou significativamente. Além disso, há outro fator de muitíssima importância: *como tudo evolui, as necessidades da mediunidade também evoluíram.*

– Como assim, *mademoiselle* Marie de Barrineau? – perguntarão. – As necessidades de a mediunidade evoluir?

– Sim, eu respondo, por que sempre foi assim. A intuição vem sendo utilizada com eficiência e muito mais amiúde do que todos os outros gêneros mediúnicos através dos tempos. Por exemplo: imaginem uma *situação de emergência*, onde um espírito familiar precisa ajudar alguém na tomada de uma decisão. Como ele vai dispor, repentinamente, de um grupo de médiuns reunido em local adequado e com um bom diretor para que sua mensagem possa vencer as barreiras naturais entre plano físico e espiritual? Não seria mais fácil a intuição? Não seria mais rápida e menos dispendiosa? Obviamente seria, e é esta a ferramenta corriqueiramente utilizada pela espiritualidade. Atrevo-me a dizer: a intuição será a mediunidade do futuro, quando os encarnados em geral entenderem com mais facilidade o mundo espiritual que os cerca. Intuição é similar à telepatia, amplamente usada nas esferas espirituais elevadas, e futuro da comunicação entre as pessoas. Isso não é evolução? Creio que sim. Além do mais, devemos considerar a imensa quantidade de pessoas distantes do espiritismo e da mediunidade, mas que não vão ficar desprovidas de assistência espiritual devido a isso. Nossos irmãos de outras religiões são nossos irmãos, independente de qualquer convicção religiosa, obviamente.

Colocado isso, vamos voltar à pergunta: como eu faria para produzir com o autor encarnado um livro, já que não poderíamos usar uma psicografia clássica?

Ora, a partir do momento em que o autor se disponha a seguir a fundamentação espírita, que é de seu conhecimento, por que não usarmos da intuição? Se a intuição pode ser vista como a mediunidade do futuro, por que não pode a intuição ser usada com mais evidência e aceitação na literatura mediúnica?

Quando não se conhecia tanto quanto hoje sobre os dois planos da vida, era mais aceitável que somente a psicografia clássica fosse de confiança, porque transmitia a impressão de que o conteúdo da obra era realmente a verdade, sem derivações. Porém, há de se entender que não precisamos mais que uma mesa corra num salão ou que pancadas respondam perguntas para acreditarmos na espiritualidade e sabermos como ela é.

Há de se entender que existe um número imenso de pessoas que conhecem muito sobre espiritismo e espiritualidade e, entre eles, bons escrevedores de histórias, que são facilmente sugestionáveis através da intuição, ao passo que muitos médiuns, mesmo que autênticos nas comunicações, enfrentam evidentes dificuldades literárias. Qual o futuro da literatura espírita, principalmente do romance espírita, se não entendermos isso? Ainda existem muitos bons trabalhos oriundos de médiuns psicógrafos clássicos, mas, por quanto tempo será assim?

Desta forma, dando prosseguimento a um movimento que se amplia na espiritualidade, avançamos em um projeto ousado no campo da literatura espírita, que é não fazer com que ela se perca sugada por um passado que foi espetacular, mas, como tudo, passou. Este passado jamais será apagado, sua primazia e seu heroísmo ficarão para a eternidade, mas, da forma como era, passou. Porém, continua sendo necessário contribuir para que os leitores tenham bons trabalhos nas mãos, evitando assim a sempre perigosa infiltração de pensamentos fantasiosos e destoantes do que foi trazido por Kardec. Mas, por favor, não entendam com as minhas palavras que estamos querendo nos colocar como precursores de um novo tempo. Não, muito pelo contrário. Eu e o escritor, além da equipe que nos cerca, sabemos bem o quanto somos apenas humanos, nada mais. Humanos, como todos os que têm sua sequência evolutiva tão fortemente amarrada aos meandros da evolução neste nosso querido planeta. Nada mais, e ficamos imensamente felizes e agradecidos ao Pai Celestial por podermos, dentro de nossas tão limitadas possibilidades, colaborar.

Então foi assim que surgiu este romance. O autor já havia escrito *Eu queria ser Bezerra de Menezes*, personagem que é outra estrela resplandecente da nossa constelação de boas almas, e, em comum acordo com sua editora, pretendia escrever um livro chamado *Eu queria ser Allan Kardec*. Eu, de minha parte, estudando que estava a vida e a época do grande mestre lionês, queria me aventurar nesta difícil missão de escrever um romance. Então nossos caminhos se cruzaram e, através da intuição, a obra aqui está: uma história densa contida em onze dias de uma família, às voltas com as revoluções do espiritismo iniciante, pouco tempo depois do desencarne de Kardec, e sua imensa capacidade de transformar a vida das pessoas.

Diante de muitas ótimas biografias sobre Kardec, preferimos abordar o assunto sobre outro contexto, ou seja, não exatamente o que ele fez, mas sim o efeito de sua obra na transformação da sociedade.

Espero que tenhamos conseguido. Boa leitura.
Marie de Barrineau – espírito.

Capítulo 1

Angers, 31 de março de 1876.

Monsieur Philippe de Barrineau arrumou corretamente os óculos sobre o nariz aquilino e pediu para que se apagasse a luz, a sessão ia começar. Ele trazia sempre uma expressão um pouco sisuda no rosto ovalado e as entradas nos cabelos, sempre muito bem aparados, denunciavam que a calvície se aproximava rapidamente. Assim que pediu para apagar a luz, imediatamente todas as pessoas recolheram suas palavras e o silêncio tomou conta da sala onde, já há alguns minutos, Teofille estava com os olhos fechados e as mãos espalmadas sobre a mesa, em profunda concentração. Uma leve ruga na testa carregava sua expressão, como se pedisse aos demais que respeitassem sua introspecção. O jovem Teofille não tinha mais do que vinte e sete anos, mas sua fama se espalhara como o vento de uma tempestade e, por onde passava, causava furor nas mais altas rodas da sociedade. Era alto para o padrão francês, nos seus 1,85 metros e tronco robusto, impunha respeito pela sua simples presença. Seu rosto era pálido e a barba bem aparada era negra e compacta, assim como as sobrancelhas, que quase se uniam sobre os olhos. Os olhos negros quando pousavam em alguém pareciam querer, ou conseguir, desvendar seus mais recônditos segredos, porém, no trato cotidiano, era gentil e até mesmo tímido. Depois de uma temporada de sucesso em Paris, cansado de tantas sessões públicas, aceitou o convite de Philippe de Barrineau para conhecer sua cidade e descansar.

Philippe estudou direito em Paris no auge das sessões públicas e de suas mesas girantes, um modismo que fez ferver a sociedade parisiense. Marie, a filha de *monsieur* Philippe, de tanto ouvir as histórias que o pai contava daquele tempo, era a mais ansiosa para ver o jovem em ação. Ouvira muito falar de Daniel Dunglas Home, o maravilhoso médium escocês que encantara tantos cientistas reconhecidos e fora assunto do próprio Kardec em edições da *Revue Spirite*. Como poderia não estar ansiosa se falavam que Teofille era também um excelente médium? Diziam que grandes figuras do pensamento universal falavam e escreviam através dele. Mozart, Mesmer, Rosseau, entre tantos. Foi por saber desta curiosidade da filha que Philippe, agora com seus quarenta e quatro anos e advogado renomado da cidade de Angers, a cerca de trezentos quilômetros de Paris, convidara o médium para um descanso em sua casa.

Marie era ainda muito jovem, apenas dezessete anos, mas era ávida por conhecimentos, além de já carregar a fama de ser muito bela. Tinha os cabelos castanhos-claros e ondulados, seus olhos eram meigos, amendoados, e seu sorriso gentil, sempre bem colocado em um rosto fino, de traços bem definidos, mas também delicado, o que já carreava para ela uma série de jovens pretendentes, aos quais ela desprezava sumariamente. Porém, este desprezo não era por orgulho ou vaidade, mas sim porque tinha muito mais interesse na sua educação e formação. Enquanto o pai pensava no seu futuro como uma boa e bem instruída dona de casa, Marie sonhava em ganhar o mundo atrás do conhecimento. Quando começou a ter consciência sobre si mesma, já ficou muito curiosa sobre o que ainda falavam das mesas girantes e suas mensagens enigmáticas, mesmo que isso tenha acontecido no final da febre que assolou quase todos os salões da alta sociedade europeia. O modismo havia passado, como todo modismo, mas não sem ter deixado profundas impressões em muitas mentes, tanto para a exaltação da curiosidade quanto para a introspecção sobre os aspectos mais íntimos e intrincados do fenômeno. Marie era uma mente exaltada em ambos os sentidos, a ponto de convencer o jovem Teofille a interromper seu descanso e fazer uma apresentação. O pai de Marie, embora tivesse vontade de ver o jovem em ação novamente, fez o convite ao médium pensando principalmente na filha e ainda reuniu algumas pessoas da sociedade local, todas previamente avisadas desta possibilidade e também ansiosas pelo espetáculo. O estudo consciente e disciplinado da doutrina que emergira do modismo estava longe de obedecer a critérios bem definidos e, obviamente, o sensacionalismo ainda obcecava muitas mentes.

***

Philippe fora um entusiasta do assunto desde que a moda chegara a Paris. Na juventude, quando estudava direito na Universidade de Paris, chegou a quase perder-se do caminho da advocacia, tamanha empolgação de que foi tomado. Noite por noite, de salão em salão, seguia as reuniões onde os espíritos se comunicavam com os vivos das mais diversas maneiras. Assim se afundava em dívidas e deixava os estudos de lado. A família era abastada e seu pai, comerciante, tinha mais tempo para os barcos que corriam o Loire com suas mercadorias do que com as aventuras e desventuras do filho em Paris. Quando estava quase por perder o ano de estudo, durante uma reunião no salão de *madame* Blouchar, onde ia semanalmente, um desconhecido o convidou para assistir a uma reunião um pouco diferente, na qual somente espíritos sérios se manifestavam e passavam informações bem mais requintadas sobre a espiritualidade. Mesmo que não tivessem sido apresentados, ambos conversavam sobre a frivolidade da maioria das sessões. O estranho, então, escreveu o endereço em um cartão em branco e avisou que deveria estar no local antes das vinte horas do dia seguinte. Em um primeiro momento, pensou mesmo em não ir, porque não gostou dos olhos severos daquele homem, que pareciam repreendê-lo constantemente. Talvez por não ter encontrado nenhum divertimento melhor para aquela noite, compareceu ao endereço indicado, onde uma senhora baixa e de sorriso franco o recebeu:

– O senhor é convidado de quem? – perguntou ao jovem Philippe.

– Lamento, *madame*, mas não sei o nome da pessoa que me convidou.

– Não sabe?

– Entendo que pode parecer estranho, mas ele apenas escreveu o endereço neste cartão e pediu para que eu viesse – falou Philippe, entregando o cartão para a senhora.

– Ah! Conheço muito bem esta letra. O senhor é bem-vindo então. Mas vamos subir, a sessão já está para começar. Eu sou *madame* Baudin, *monsieur*...?

– Philippe de Barrineau, *madame*, ao seu dispor.

Madame Baudin levou o jovem por uma escada até o andar de cima da casa e, logo ao entrar na sala, onde um grupo de pessoas estava sentado em torno de uma grande mesa, reconheceu o homem que o havia convidado. Este, por sua vez, levantou do seu lugar imediatamente e veio ao seu encontro.

– Fico feliz por ter aceitado meu convite. Devo me desculpar por não ter escrito meu nome no cartão. Hippolyte, seu criado. – falou o homem, curvando levemente o tronco e apertando com força a mão estendida de Philippe.

– Philippe – respondeu, sem falar o sobrenome, como havia feito seu anfitrião.

– Philippe de Barrineau – completou Hippolyte, causando alguma surpresa no jovem.

– Sim, este é meu nome todo, mas então o senhor me conhece? Ou algum espírito contou?

– Ah! Creio que os espíritos sérios têm mais o que fazer do que ficar nos contando pequenos segredos. Fomos apresentados há algumas semanas em uma dessas sessões de frivolidades que, infelizmente, não tive como me esquivar de ir, mas creio que o champanhe não permitiu que sua memória me registrasse devidamente.
– Oh! Perdoe-me, então, tamanha indelicadeza.
– Não se desculpe, era uma festa... Mas vamos, está na hora de começarmos a sessão. Depois lhe apresento as demais pessoas, se não se importar.
– Sem dúvida. Mas, como sabe meu nome completo, incomodar-se-ia em dizer-me o seu?
– Hipollite Léon Denizard Rivail – respondeu, virando-se em seguida e retomando seu lugar à mesa, sem se dar conta do olhar assustado com que Philippe o acompanhava. Então aquele era o professor Rivail, do qual já tinha muito ouvido falar por seus estudos e empolgação quanto à comunicabilidade dos espíritos? Então aquele era o professor que tinha já vários livros didáticos publicados e indicados por muitas instituições de ensino pela sua excelência? Então aquele era o discípulo de Pestalozzi, famoso por sua disciplina e racionalidade? Um tanto estupefato e abandonando definitivamente qualquer conceito frívolo a respeito da sessão a que iria assistir em seguida, tomou seu lugar à mesa.

Aquele encontro fora fundamental para seu futuro. A figura austera, decidida e disciplinada do professor Rivail o fez retornar ao bom caminho da educação, assim como o enquadrou quanto a suas curiosidades espiritistas. Foram muitas e longas as discussões que teve com o incansável mestre nos meses que se seguiram e, mesmo que Philippe não tenha concordado em alguns aspectos com o que o professor Rivail propunha em relação à espiritualidade, ficou nele a indelével marca da seriedade com que o assunto deveria ser tratado. Era difícil para Philippe abandonar alguns conceitos de liberalidade, aos quais tentava dar uma conotação de liberdade, ainda mais que encontrara em alguns amigos amparo para estas ideias. Um amigo em especial, Henri Bautan, se dizia profundo estudioso do assunto e propunha uma teoria em relação aos espíritos bem mais fácil de ser seguida por quem não queria abandonar algumas frivolidades. Este amigo, embora dissesse admirar o professor Rivail, contestava sua visão severa sobre a questão de ação e reação e chegava a dizer que muitos espíritos, também sérios, haviam confirmado a ele que o professor estava errado.

***

Há precisos sete anos desencarnara o professor Rivail e o aniversário do seu desencarne deixara Philippe saudoso. O fato de Teofille ter aceitado o convite de Marie exatamente neste dia aumentara sua sensação e a luz apagada do salão, exigência de Teofille, levava sua memória rapidamente ao tempo de estudante. Em poucos minutos o médium começava a mostrar seus talentos e vários nomes se apresentaram aos convidados, causando sussurros e sorrisos a cada apresentação. Marie estava extasiada. Quando Maria Antonieta se apresentou então, ela quase desmaiou. Depois de quase uma hora de sessão, Teofille ergueu uma das mãos e pediu silêncio até mesmo dos sussurros. Todos os presentes logo perceberam que alguma coisa havia mudado nele. Todos, com os olhos acostumados à escuridão, conseguiram perceber que estava ainda mais pálido e, quando pediu para que uma vela fosse trazida para o centro da mesa, viram que seu rosto estava suado, além de respirar com alguma dificuldade.

Com a vela fazendo com que os componentes daquela reunião mais parecessem espectros, ele puxou uma resma de papel para si e Marie, logo entendendo que algum espírito de elevada estatura moral se preparava para escrever através do médium, puxou para ele o tinteiro e a pena. Teofille, antes de começar a escrever, falou:

– Algo de muito sério está para acontecer aqui, por isso peço que todos se mantenham em profundo silêncio, sem nenhuma intervenção.

Então sua pena deslizou avidamente pelo papel e em poucos segundos a mensagem estava escrita, mas, para desconsolo dos participantes, Teofille dobrou o papel e falou:

– Esta mensagem é uma carta particular e, devido à gravidade do seu conteúdo, deve ser entregue e lida somente para quem é endereçada, o senhor Philippe, nosso anfitrião. Se, depois de lê-la, quiser repassar aos demais, ficará ao seu critério.

Assim que falou, empurrou a carta sobre a mesa e os demais membros do grupo a fizeram chegar às mãos de Philippe de Barrineau. A sessão findara-se e a lâmpada a gás da sala fora acesa, mas ninguém queria levantar-se do seu lugar. Com a folha de papel nas mãos e sentindo-se importante demais para perder a oportunidade de causar algum impacto, *monsieur* Philippe ainda demorou-se quase um minuto para desdobrar o papel e ler seu conteúdo. Um minuto nesta situação foi quase uma eternidade para todos os presentes, principalmente para sua filha, que chegou a levantar-se pensando em ler a carta ao mesmo tempo em que o pai, mas seu olhar severo a fez recuar e sentar-se novamente.

Então Philippe leu a mensagem, e transfigurou-se. Uma palidez ainda maior do que a do médium o deixou transparente e uma sensação de mal estar o fez afrouxar o colarinho e pedir para que a filha abrisse as janelas, mesmo com o frio intenso da noite. Seu médico recomendara cuidados com os esforços e emoções depois que a angina do peito se manifestara, mas como lidar com as surpresas? Sua reação causou ainda mais ansiedade no grupo, mas, sem pestanejar, Philippe falou, com toda solenidade possível:

– Desculpem-me, meus amigos, meus senhores e minhas senhoras, mas em hipótese alguma eu posso lhes revelar o conteúdo desta carta. Não assim, de pronto, sem antes muito refletir nestas palavras aqui deixadas por um grande homem.

– Mas quem é esse grande homem? – perguntou Marie.

— Tampouco posso revelar, lamento... e também gostaria de pedir-lhes licença, pois não estou me sentindo muito bem. Minha esposa os fará companhia até a hora de partirem.

Falou já em pé e logo em seguida saiu da sala, indo para seu quarto, para o desespero da filha e desolação dos convidados. Nem do médium se despediu.

A madrugada ia alta e Philippe já havia lido e relido a mensagem vezes sem conta. Optara por dormir no seu quarto individual, ao lado do quarto do casal, onde preferia passar a noite quando tinha algum caso de advocacia mais intrincado para resolver, o que era bastante comum. O dia já se aproximava quando ele desdobrou mais uma vez a carta e a releu, como se tivesse a esperança de que pudesse encontrar uma mensagem diferente desta vez. Mas não, lá estava o mesmo texto, curto, claro, e devastador para a mente de alguém que, como ele, era por demais apaixonado pelo fenômeno para dedicar-se com maior cuidado em aprofundamentos teóricos:

Caro Philippe
Muito tem me pesado a consciência por tudo que fiz na última jornada mergulhado em um corpo físico. Ah! Se eu o tivesse ouvido mais! Por que discordei tanto de suas ideias que na época eu achava mirabolantes? Estou decepcionado comigo e com quase tudo que deixei escrito. Tanta coisa é diferente aqui do que me disseram! Tanta coisa é diferente do que ensinei que tenho até ânsia em retornar e reescrever tudo o que deixei escrito. Por Deus, e Este ainda creio que exista, o que eu fiz!
Ainda retornarei para lhe contar com mais exatidão a que me refiro, mas, por enquanto e até mesmo para que se prepare, já lhe adianto uma sentença:
Toda a doutrina que propus é falsa!
De seu amigo Denizard ou Allan Kardec, se preferir.

Capítulo 2

Angers, 01 de abril de 1876.

Marie precisou apertar o passo e até correr para escapar da chuva que caiu abruptamente naquele final de tarde frio do primeiro dia de abril de 1876, em Angers. As reformas na *rue des Capucins* a faziam ter que aumentar o percurso até chegar ao Hôpital Sainte-Marguerite, onde cumpria sua última função do dia. Pela manhã havia feito suas aulas de canto, depois estudado latim e grego junto ao professor Chambot, seu grande amigo. À tarde, trabalhara na sempre concorrida biblioteca da nova Universidade Católica do Ocidente, ou Facultés Libres de l'Ouest, a primeira faculdade privada da França. O senhor de Barrineau não concordava com a rotina extenuante da filha, mas também sabia que era um esforço inútil tentar demovê-la de seus propósitos. Os amigos, em peso, avisavam dos perigos da menina trabalhar no meio de tantos desconhecidos, muitos dos quais aventureiros, que já faziam a fama de libertinagem da cidade crescer, à medida que aumentava o número de alunos da faculdade. Marie ignorava os conselhos e insinuações. Estava onde mais sonhava estar e não descansaria até conseguir sentar nos bancos da faculdade como aluna, mesmo que muitos apenas rissem com algum pesar de suas pretensões.

— Há mulheres frequentando a universidade, senhor meu pai. Por que eu não posso ser uma delas? No ano passado, Madeleine Brès formou-se médica em Paris. Então vou me preparar e fazer as provas para ser admitida no curso de direito.[1]

– Quer ser uma nova Carphania?[2] Então teremos que discutir com mulheres nos tribunais? Era só o que me faltava!

– E venceremos, sempre... – respondia Marie ao pai desolado.

Ela conseguira aquele trabalho na biblioteca graças ao bom professor Chambot, que a indicara aos padres, com a severa recomendação de que jamais falasse em espíritos. O professor Chambot não estava há muito tempo na cidade, mas, como muitos alunos da instituição de ensino o procuravam para reforçar os conhecimentos, logo ficou conhecido dos padres e professores pelas boas aulas que ministrava. Era seguidor de Pestalozzi e mais estimulava os jovens a desenvolverem seus próprios potenciais do que rivalizava com os professores efetivos da escola, o que lhe granjeara rápida simpatia.

Para Marie, o que ela recebia para trabalhar não era financeiramente representativo, pois seu pai era uma das pessoas mais ricas da cidade e nada lhe faltava materialmente, tanto que todo seu salário era destinado ao hospital de caridade, onde ajudava como voluntária, duas vezes na semana. Fora a irmã Deodore, diretora do Hôpital Sainte-Marguerite, quem trouxera o professor Chambot para a cidade, segundo ela, um velho amigo. Ela também fora responsável por mandar uma carta ao pai de Marie assegurando a idoneidade do professor e se propondo a levar a filha para a primeira aula com ele.

Foi no hospital que ela chegou já bastante molhada pela chuva e com a respiração entrecortada pela correria. Somente quando a irmã Geneveve apareceu com uma grande toalha branca nas mãos é que se deu conta de que estava atrasada para seu compromisso em mais de meia hora. O relógio na parede mostrava

---

[1] Somente em 1887, Sarmiza Bilcescu, romena, recebeu a licença para a prática do direito na França, sendo que defendeu sua tese (cujo tema era "Condição legal da mãe"), em 1890, na Universidade de Paris.
[2] Considerada a primeira advogada da história, na Roma antiga.

17h30, o que a deixou um pouco constrangida. Sabia que perdera muito tempo andando lento e com o pensamento longe, vagando por caminhos perigosos do sentimento, onde alegria e medo se confundiam em cada passo dado, ou não dado. Neste caminho, a figura misteriosa e soturna do hóspede ilustre da sua casa aparecia em cada fonte, em cada cascata, em cada sombra de árvore cheia de pássaros canoros, e a fazia perder um pouco mais de tempo. Somente a chuva a fez voltar ao caminho de pedra por onde seu corpo passava, por isso estava tão atrasada. Além do mais, o episódio da noite anterior a deixara aturdida. Ter estado em contato com aqueles espíritos grandiosos já seria o bastante para roubar seus pensamentos da realidade por muitos dias, mas aquela carta misteriosa ia além de sua capacidade de manter os pés no chão. Seu pai, por mais que insistisse, não permitiu que ela lesse. Na verdade, não deu a ela a mínima possibilidade de argumentação, o que a deixou ainda mais curiosa. Logo pela manhã queria ter inquirido o médium para ver se dele arrancava alguma informação, mas ficou desolada ao saber que ele havia levantado e saído de casa bem mais cedo do que ela. A frustração foi tanto pela oportunidade de sanar a curiosidade quanto por não poder vê-lo, olhar seus olhos profundos e seu sorriso, constantemente triste.

– Oh! Por Deus, *mademoiselle*, não precisava ter vindo nestas condições, ainda mais sem uma capa! O que seu pai irá dizer? – reclamou a irmã Geneveve, com a toalha nas mãos e ajudando a jovem a se secar. Marie sabia que o pai era um dos principais mantenedores do hospital, por isso a preocupação da irmã ter uma ponta de recriminação.

– É meu compromisso, irmã, e não costumo faltar com eles. Obrigada por me ajudar, mas, diga-me, onde mais precisam de mim hoje?

– Bem, já que está aqui... houve um acidente na *Pont de Segré*. Ao tentarem explodir uma pedra, vários trabalhadores acabaram feridos e temo que alguns tenham morrido, infelizmente. A enfermaria está cheia, minha querida...

Irmã Geneveve ainda falava, quando Marie vestia seu avental e dobrava a esquina de um grande corredor, a passos largos. O cenário que encontrou era desolador. A grande sala estava tomada mais por sons do que imagens, porque os gemidos de dor sempre causaram nela um profundo desconforto íntimo. Ah, se pudesse curar todas as dores! Mas as imagens logo se equipararam aos sons. Muitas irmãs andavam de um lado para outro, com bacias e ataduras, enquanto o doutor Roquebert já aparentava um profundo cansaço, maior do que sempre mostrava. O acidente havia ocorrido pela manhã e o dia já findava, o que fez Marie se culpar por não ter estado disponível desde o princípio, ou mesmo por ter se atrasado.

– Você já faz muito – falou o doutor Roquebert, como se adivinhasse por onde andava o pensamento de Marie. – Na verdade, nem precisava estar aqui, por isso, não se culpe.

– O doutor sabe que a culpa me persegue todos os dias...

– Que culpa tem a menina por ter nascido rica?

– Ser rica deveria me fazer ajudar ainda mais. Em que posso ajudar, por sinal?

O doutor Roquebert apenas sorriu. Admirava a disposição de Marie e tinha por ela um grande carinho, mesmo que fizesse parte da classe mais abastada da cidade, da qual ele tinha tanto rancor. Nos seus trinta e dois anos de vida sofrida, o doutor Roquebert era um revolucionário incansável e só não fora mandado para fora do país, ou morto, devido à sua inegável capacidade como médico. Era magro e somente um pouco mais alto que Marie, então não passava de 1,65 metros, tinha o rosto cavado, os olhos perdidos em órbitas profundas, recobertos por sobrancelhas grossas e embasados por uma barba sempre um tanto mal aparada. Por tudo isso se achava feio, e isso, a feiura, que nunca lhe causara nenhum incômodo, agora se tornava um grande problema, pois estava perdidamente apaixonado pela linda Marie de Barrineau, mesmo que soubesse jamais ter coragem de revelar seus sentimentos. Embora não professasse a fé católica, fora trazido para o hospital pela irmã Deodore, por saber de sua dedicação com a medicina.

– Doutor... estou esperando que diga o que devo fazer – falou Marie, incomodada com o olhar vago de Roquebert, que, mesmo perdido de paixão, jamais deixava transparecer qualquer sentimento íntimo.

– Lá, na última cama – apontou o doutor – há um homem que não creio que vá resistir. Embora não aparente nenhum ferimento grave, não consigo reanimá-lo e já fiz tudo o que era possível. Quem sabe suas orações para os espíritos não podem ajudá-lo! – falou o médico, sem deixar transparecer um pouco de ironia nas palavras.

– É tudo o que podemos fazer?
– Sim... é tudo o que podemos fazer.

Marie caminhou pelo corredor entre as camas preparando-se mentalmente, embora os gemidos e imagens de corpos cobertos por ataduras ensanguentadas não facilitassem, mas o que poderia ser fácil naquele ambiente? Uma dinamite[3] explodira antes da hora, com muitos trabalhadores ainda perto. Cinco mortos e muitos feridos gravemente. Era o que tinha ouvido de Judith, outra voluntária que encontrou no corredor, antes de entrar na enfermaria. Já estava perto da cama que lhe fora indicada quando viu que a irmã Deodore puxava a coberta de lã cobrindo a cabeça do doente e afligiu-se. Apressou o passo e ainda segurou o braço da irmã, como se pudesse, por sua vontade, conter a morte, mas era tarde. Os olhos molhados da irmã não lhe davam mais esperança.

– Fizemos de tudo, minha filha – falou irmã Deodore, a diretora e uma das mais antigas da casa – mas Deus o quis perto de si, eu espero...

– Oh! Parece que hoje estou sempre chegando muito tarde...
– Não se culpe, era a vontade de Deus. Veja que este nem era um dos trabalhadores, estava apenas passando por perto

---
[3] Descoberta por Alfred Nobel, em 1866. (Nota do autor)

quando tudo explodiu. Não tem nenhum ferimento exposto, mas bateu a cabeça quando caiu, embora nem pareça ter sido uma batida tão forte. O invento do senhor Nobel ainda tem feito muitas vítimas e nem sabemos o nome deste, porque não traz nenhum documento consigo. Mas a menina poderá ao menos rezar por sua alma. Ouvi falar que sua crença é um pouco diferente, mas, também pelo que ouvi falar, dizem ser muito eficiente nestas horas...

Marie apenas sorriu um tanto constrangida, sem saber o que dizer. Irmã Deodore era famosa por seu rigorismo diante da fé, bem como por ser cheia de artimanhas para descobrir segredos, por isso, aquelas palavras deixaram-na aturdida. Muitos na cidade já falavam do fato de o pai ser um adepto da nova doutrina que conversava com os espíritos, porém, como era um grande doador para o hospital, sabia que não haveria represálias a ela, mas não estava isenta de ouvir longos sermões sobre a verdadeira religião, o que seria tão ruim, ou pior, que uma represália. Por isso se perguntava: irmã Deodore estava falando o que sentia ou apenas jogando uma isca para atraí-la? Tentando parecer despercebida, ajoelhou-se para fazer uma oração e viu que a irmã, sentada na borda da cama, fechou os olhos e apanhou o crucifixo que trazia sempre no bolso. A oração que fez não foi como gostaria. Estava aflita por vários motivos, desde a paixão que se insinuava em seu peito, passando pela carta misteriosa ao pai, pela insinuação estranha da irmã quanto a sua crença, até o fato prático de que havia ainda acidentados vivos que precisavam mais dela do que aquele que já morrera.

Quando terminou de rezar, encontrou os olhos da irmã Deodore fixados nela, como se tentassem encontrar qualquer mínimo gesto que não condissesse com a fé católica. Ou estava tão impressionada que interpretou aquele olhar através do medo? Não sabia, e por não saber ao certo o que fazer, perguntou à irmã:

– Posso ver para quem estou rezando?

– Fará alguma diferença? Já foi para o céu, eu espero...

– Vou rezar para ele mais tarde, nas minhas orações noturnas, e sempre é bom sabermos para quem rezamos.

A irmã sorriu discretamente da resposta de Marie, enquanto esta se sentia cada vez mais enredada nas famosas artimanhas daquela para descobrir verdades e segredos. Queria sair logo dali e ir trabalhar com os que ainda estavam vivos, mas sabia que não poderia dar a impressão de que estava fugindo, por isso esperou os movimentos lentos e reverenciais da irmã, que demorou ainda um pouco mais para puxar o cobertor do rosto do morto, como se antes pedisse licença para isso. Porém, quando o cobertor descobriu aquele rosto, foi como se Marie levasse uma pancada no peito.

– Meu Deus! – falou alto Marie, levando as mãos à boca e chamando a atenção de outras irmãs que passavam, e até mesmo do doutor Roquebert, que estava distante, mas ouviu a voz assustada da sua amada secreta.

– O que foi minha filha, você o conhece? – perguntou a irmã, realmente preocupada com a reação da menina.

– Meu Deus! – voltou a falar Marie, agora em voz baixa. – Como isso pôde ter acontecido?

– Se você o conhece vai facilitar na hora da identificação, precisamos avisar a família. Quem é ele? – perguntou o doutor Roquebert, que já chegara ao lado da cama e agora se impressionava ao ver o rosto de Marie tomado de lágrimas.

– Não sei de sua família, doutor. Este homem chama-se Teofille, e é quase tudo que sei dele, embora esteja, ou melhor, estivesse hospedado em minha casa.

Capítulo 3

Angers, 01 de abril de 1876.

Marie estava desolada. Era preciso prestar informações sobre o morto, mas o que ela sabia dele? Além do mais, mesmo que tivesse ficado anônimo em sua casa por algum tempo, era um nome conhecido em Paris e muitos na cidade deveriam saber que o hóspede do senhor de Barrineau promovia sessões espíritas. Como ela poderia explicar para as irmãs do hospital sobre as atividades de Teofille? Por isso alegou estar por demais impressionada com a situação e pediu para ir até em casa avisar a família, sendo que logo seu pai viria prestar os esclarecimentos necessários.

Doutor Roquebert quis levá-la, já que os feridos estavam todos atendidos, mas Marie não permitiu. Não havia como dividir com ninguém a paixão que se despedaçava precocemente em seu peito, por isso preferia ficar sozinha. Coube ao médico apenas chamar um carro para que a levasse, posto que a noite já se aproximava.

Ao chegar em casa encontrou Filomena à porta, preocupada com sua demora. A carinhosa governanta sabia que a menina costumava passar da conta com seus compromissos filantrópicos, por isso tratou de acalmar os pais de Marie dizendo que a filha a havia avisado que poderia demorar um pouco, mas já se preparava para pedir ao cocheiro Pascal que fosse atrás dela, se tardasse mais um minuto. Filomena era neta de outra Filomena, que havia servido na casa dos avós maternos de Marie e acompanhara *madame* Suzette quando esta se casou com Philippe. A neta surgira de repente na vida da avó há cerca de seis meses, quando a mãe morreu em Paris, onde moravam. Como o pai havia desaparecido sem dar notícias, a única parente viva era a avó, que só tinha visto a neta quando ainda era muito pequena, antes de a filha partir, contra sua vontade, para Paris. A sorte continuou distante de Filomena, pois sua avó adoeceu poucos dias depois da sua chegada, vindo a falecer, deixando-a mais uma vez sozinha. Ela tinha vinte e seis anos e saiu-se muito bem substituindo a avó na casa do senhor de Barrineau, já que a morte desta deixara a casa sem governanta. Na verdade, Filomena confidenciou a Marie que trabalhava para uma família abastada em Paris, mas fugira de lá por que o senhor da casa a assediava, enquanto a senhora, muito ciumenta, achava que era ela quem perseguia o marido. Desta forma, ser recebida na casa de Philippe e Suzette fora uma bênção em sua vida, tanto mais quando Marie apresentou a ela seu livro predileto, *Le livre des esprits*, o qual usava boamente para completar a alfabetização da criada, o que fora totalmente negligenciado pela mãe. Também liam *L'Évangile selon le spiritisme,* além da *Revue Spirite* e outras publicações sobre o espiritismo que abundavam na casa da família, mesmo que o senhor Philippe não as lesse corriqueiramente. Os ensinamentos dos livros e a boa vontade de Marie acabaram por transformar sua vida, depois de tantas agruras.

Filomena também fora acolhida com carinho pela família do senhor Alphonse e sua esposa Juliette. Alphonse havia sido contratado como cocheiro do senhor Philippe tão logo este casou com Suzette, e trabalhou com dignidade por muito tempo, sendo que, agora, devido à idade, seu neto Pascal assumira o posto. Pascal havia perdido os pais muito cedo e fora criado pelos avós, aparecendo na vida da família de Philippe com cinco anos para logo se transformar na sombra da pequenina Marie. Juliette, a esposa de Alphonse, era a cozinheira da casa e, embora a idade, não abria mão deste posto, aceitando Filomena como auxiliar, mas deixando sempre claro que ao redor do fogão quem dava as ordens era ela. A família de Alphonse, que ainda trabalhava ajudando a cuidar dos cavalos, morava no que chamavam de segunda casa, mais próxima à cocheira. Nela Filomena fora recebida quase como uma filha, ocupando agora o quarto que antes pertencia a sua avó e participando da vida da família de Barrineau com carinho e equilíbrio.

Por todo este envolvimento emocional, foi com grande alívio que Filomena viu Marie subindo pelas escadas da casa e correu recebê-la, assustando-se ao ver seus olhos vermelhos e o rosto molhado de lágrimas.

– Oh! Por Deus! O que aconteceu com a menina? – perguntou Filomena.

– Uma tragédia! Por favor, preciso ver papai com urgência – respondeu Marie, passando pela governanta e correndo para a sala de jantar, onde esperava encontrar a família reunida para a refeição noturna. Entrou pela porta principal do salão e, ao ver o pai vindo em sua direção, arrojou-se em seus braços.

– Filha! O que houve? Por favor...

– Papai – conseguiu balbuciar a menina, entre soluços – uma tragédia! Nem sei como lhe contar. Uma bomba explodiu entre os operários que constroem a *Pont de Segré*. Oh! Meu Deus!

– Sim, minha filha, eu soube. Imaginei até que sua demora seria por estar envolvida com os feridos no hospital de *Saint Madeleine*. Conheço seu altruísmo, mas não imaginei que se abalaria tanto.

– Mas, papai...

– Morreram muitas pessoas? – perguntou alguém as costas dela, e aquela voz causou um arrepio em Marie, que sentiu todo corpo estremecer, fazendo com que se virasse abruptamente, empalidecendo logo em seguida.

– Teofille... está aqui? – balbuciou Maria, com um fiapo de voz.
– Sim, onde mais eu poderia estar? Mas está parecendo que a menina está vendo fantasmas ao meu redor.

A carga emocional por tudo o que havia acontecido nas ultimas horas pesou sobre o corpo de Marie como uma *gabarre* carregada do Maine.[4] Um cansaço repentino anuviou seu pensamento e sua visão ficou turva, enquanto suas pernas cediam ao incrível peso que se derrubou sobre seu corpo. Ainda sentiu os braços do pai a segurando, mas perdeu o contato com a realidade.

***

O pequeno pássaro azul-claro voou do galho onde cantava e veio pousar no ombro de Marie, enquanto borboletas amarelas se espalhavam ao redor do caminho onde ela passava, margeando um riacho de águas cristalinas. Lá, no fim do caminho havia uma luz branca que a atraía e a fazia caminhar cada vez mais rapidamente. O pássaro azul-claro pulou do seu ombro, porque ela estava quase correndo, tanto que nem via mais as borboletas, nem o riacho, ansiosa por chegar à luz. Enfim, quando chegou, viu que no meio dela havia uma cama onde ela mesma estava deitada. Já sabia o que estava acontecendo; já havia acontecido outras vezes. Estava voltando, mas, ao lado da sua cama, havia mais gente. Viu seu pai de um lado e, do outro, Teofille. O morto Teofille. O morto! Pela primeira vez pensou que o que viu poderia ser o espírito de Teofille. É claro! Ele estava acostumado com o fenômeno, por isso ela o vira. Quem disse que seu pai ou sua mãe o viam naquela hora, ou mesmo agora? Quem disse que seu pai o via do outro lado da cama?

---

[4] Gabarre ou gabare, é um tipo de barco de fundo chato, ideal para navegação em rios que formam bancos de areia, como o caso do Maine e do Loire. O Maine é afluente do Loire e a cidade de Angers situa-se na confluência entre os dois (Nota do autor)

Então Marie entrou em seu quarto vindo do jardim do pássaro azul-claro, que sempre visitava, e voltou para o corpo. Desde criança fazia isso e somente a doutrina trazida à luz do mundo por Kardec a fizera entender o fenômeno. Como era agradecida a ele por isso! Também era agradecida por tantos outros assuntos que a luz do conhecimento espírita havia tirado da sombra da ignorância. Ela agradecia até a dúvida, instigadora eterna do conhecimento, que naquele momento a fazia pensar que Teofille estava mesmo morto e era seu espírito que a visitava. Tão logo se viu deitada e desperta, embora com os olhos fechados, resolveu encarar a situação e resolvê-la. Por isso respirou fundo e abriu os olhos, olhando rapidamente para os dois.

– Ora, vejam só! Nossa menina voltou do seu passeio pelo jardim do pássaro azul, meu caro Teofille. Você tinha razão ao dizer que era apenas um desmaio e que logo tudo ficaria bem.

– Eu sabia, senhor. Quando desmaiou, percebi que estava sobrecarregada de energias. Cargas emocionais a abalavam.

Marie ouviu a conversa, com seus olhos viajando rapidamente entre um e outro. Então seu pai estava vendo Teofille? Fechou os olhos. Seu pai sabia do jardim do pássaro azul-claro, porque contara a ele a recorrência do sonho, quando voltava para o corpo, e deve ter citado o assunto apenas para acalmá-la. Então isso não a impressionava, mas como Teofille estava ali, se o tinha visto morto no hospital? Abruptamente abriu novamente os olhos e sentou-se na cama, causando algum espanto nos dois e em sua mãe, que acabara de entrar no quarto.

– Estou melhor agora – falou Marie. – Podem me dizer quanto tempo fiquei desmaiada?

– Cerca de quinze minutos, minha querida – respondeu *madame* Suzette, sua mãe.

– Então ainda há tempo de agirmos para resolver um problema.

– Agirmos? – contestou o pai. – Ainda pensa em fazer mais alguma coisa hoje? Já é noite...

— Senhor meu pai, por favor, o assunto é grave. Senhor Teofille, acaso o senhor tem algum irmão gêmeo?

— Gêmeo? Um irmão gêmeo? Por que está me perguntando isso? — perguntou Teofille por sua vez, mas não sem antes ter feito uma expressão de aturdimento e surpresa.

— Por que acabo de vê-lo morto no hospital de *Saint Marguerite*, senhor. Estava passando perto da *Pont de Segré* quando a dinamite explodiu e, embora não tenha se ferido gravemente com os estilhaços, quando caiu parece ter batido a cabeça. Ainda foi levado ao hospital, mas não resistiu e morreu alguns segundos antes de eu chegar ao lado de seu leito.

— Minha filha, acho que você precisa descansar — falou *madame* Suzette, visivelmente preocupada com a filha.

— Ora, mamãe, alguma vez a senhora já me viu agir sem estar segura dos meus atos? Não é a senhora que sempre elogia minha lucidez? Pois afirmo que o que acabo de dizer é a mais pura verdade, tanto que vim para casa chamar papai para prestar as devidas informações sobre o... morto.

— Deve ter sido alguém com alguma semelhança comigo — falou Teofille, aparentemente recuperando-se do pequeno susto que teve com a pergunta de Marie. — Há muitas pessoas no mundo que se assemelham.

— Esta pessoa era igual, senhor. Exatamente igual. Fico feliz por saber que está aqui e está bem, mas precisamos resolver o problema deste infeliz que morreu... e que é sua cópia.

A noite já ia alta quando Philippe de Barrineau e Teofille chegaram ao hospital e chamaram pela irmã Deodore. A irmã Geneveve os acomodou na sala da irmã Deodore e foi chamá-la. Não demorou para que esta entrasse na sala, trazendo uma garrafa de Cointreau, a nova bebida que seu amigo Édouard[5]

---

[5] No ano de 1849 em Saint-Barthélemy-d'Anjou, uma pequena localidade do subúrbio de Angers na França, o confeiteiro Adolphe Cointreau, com a ajuda de seu irmão, Edouard-Jean, fundou a modesta destilaria Cointreau & Cie para produzir licores feitos à base de frutas típicas da região do vale do Loire. O primeiro sucesso da nova empresa foi um licor feito de cereja.

havia lhe enviado para saber seu parecer técnico. Irmã Deodore era uma hábil fabricante dos mais variados licores e o novo licor de laranja que seu amigo inventara parecia promissor, por isso a irmã achou razoável servi-lo ao principal doador do hospital, a quem ela sempre procurava agradar. Porém, quando chegou à frente da mesa, os dois homens levantaram e a garrafa de licor caiu de sua mão, enquanto seu rosto empalidecia.
– Meu Deus! O que está acontecendo aqui? – falou a irmã.

Mas o produto de maior sucesso seria lançado em 1875, quando o filho de um dos fundadores, Edouard Cointreau, criou uma nova bebida: um licor elaborado a partir dos óleos essenciais de cascas de laranjas doces e amargas, uma fruta exótica para a região. (http://mundodasmarcas.blogspot.com.br/2006/06/cointreau-be-cointreauversal.html)

Capítulo 4

Angers, 01 de abril de 1876

Cerca de apenas cinco minutos após Philippe e Teofille terem saído de casa, *madame* Suzette e a filha assustaram-se com batidas fortes na porta da frente. As duas estavam ansiosas devido à situação excêntrica que envolvia a família e chegaram a pensar que os dois tinham voltado por terem esquecido alguma coisa. Quando chegaram na porta, Filomena já as esperava e assustou-se com a disposição das duas em abri-la:
– Senhora, é tarde e estamos sem o senhor em casa? Acho temerário abrir assim...
– Mas talvez eles tenham voltado, Filomena. Vamos, olhe pela janela lateral e tente descobrir. – falou *madame* Suzette, enquanto Marie já corria na direção do escritório.
– Já olhei, senhora, e não são eles. Parece uma menina, apenas, e isso me deixou mais preocupada, pois pode ser uma armadilha – falou Filomena, no momento em que as batidas na porta se repetiam e as duas mulheres pulavam assustadas.
– Pode abrir, Filomena, mas não fique na frente da porta – falou Marie, caminhando pelo corredor e segurando uma pistola de dois canos com as duas mãos, para susto ainda maior das mulheres. – Sabem bem que papai me ensinou a atirar. Jamais eu atiraria em uma menina, mas, se for uma armadilha...Vamos, pode abrir.

Filomena ainda olhou para *madame* Suzette, mas esta somente assentiu com a cabeça enquanto dava um passo para trás. Então Filomena abriu a porta, mantendo-se o tempo todo atrás dela. Uma rajada de vento e chuva entrou pela casa trazendo frio e todas se arrepiaram com a imagem espectral que se projetava no patamar de entrada, que se abria diretamente para a rua. Uma menina, pela altura e pelo vestido que se via sob a capa. Toda roupa era negra e tinha um capuz largo sobre a cabeça, que não permitia que se enxergasse seus traços, apenas o cintilar de um par de olhos claros no meio da sombra que ocultava seu rosto. O vestido de Marie voou para trás com o vento e seu dedo chegou a tremer sobre o gatilho. O medo que tentava ocultar quase a fez precipitar-se, mas a menina entendeu a dramaticidade da situação e puxou para trás o capuz, fazendo com que uma cachoeira de cabelos loiros caísse sobre seus ombros. Tinha a pele branca e lábios finos muito vermelhos, não devendo ter mais do que doze anos.

– O que quer? – falou *madame* Suzette, nervosa com a situação.

A menina não respondeu. Manteve-se parada e com os braços caídos ao lado do corpo, como se também estivesse extática diante da visão de Marie segurando a arma em sua direção. Depois de alguns segundos, conseguiu romper sua aparente letargia e enfiou rapidamente a mão por dentro da capa, retirando dela um envelope e esticando-o na direção de Marie. Foi Filomena quem se antecipou e apanhou o envelope, enquanto a menina imediatamente virava as costas e descia, apressada, os degraus que conduziam à rua.

Sem esperar mais nada, Filomena fechou a porta e trancou-a com a chave, entregando o envelope a *madame* Suzette; em seguida, apanhou-o com as mãos trêmulas. Mal teve tempo de olhar para o envelope e Marie já estava ao seu lado, tomada agora de curiosidade. Nele havia apenas o nome do senhor Philippe de Barrineau, sem remetente, e estava devidamente lacrado.

— Olhe, senhora — falou Filomena, olhando pela fresta da cortina. — Há um homem do outro lado da rua e está olhando para a casa.

Mãe e filha abriram brechas na cortina e, ao perceber-se notado, o homem desapareceu. Marie, ainda com a arma nas mãos, teve um impulso de abrir a porta e perguntar quem era e o que queria, mas sua mãe, sabendo da impulsividade da filha, segurou em seu braço e falou:

— Nem pense nisso, Marie! Lembre-se que sempre há alguma família em dificuldade e seu pai costuma socorrê-las. Provavelmente são pessoas apenas pedindo ajuda.

— Não gostei do que vi mamãe, e minha intuição não costuma falhar.

— Eu também não, senhora, e receio pela segurança das duas, já que todos os homens da casa saíram, a não ser o senhor Alphonse — falou Filomena, esboçando um sorriso, como se tivesse acabado de ter uma boa ideia. — Por que não pegam a torta que iriam jantar e levam para comer com ele? Garanto que ficariam felizes. Além do mais, já faz algum tempo que a senhora e Marie não fazem isso, já que o senhor Philippe tem viajado menos.

— Eu poderia ler para o senhor Alphonse mais algumas perguntas de *O livro dos espíritos*, que ele tanto aprecia — falou Marie, animando-se com a ideia.

— E eu ficaria mais tranquila — completou Filomena. — Vão, e deixem que eu cuido da casa até os homens chegarem.

Madame Suzette teve um ímpeto de contrariar a ideia, mas, ao perceber que a filha se animara com ela, diminuindo a tensão, e por saber também que ela era impulsiva o suficiente para cometer um desatino estando com uma arma nas mãos, achou melhor aceitar a sugestão.

***

O senhor Philippe de Barrineau precisou amparar a pálida irmã Deodore que, assim como Marie, parecia estar vendo um fantasma. Após a irmã estar devidamente sentada e com as mãos trêmulas sobre a mesa, sem desgrudar os olhos do morto que estava à sua frente, Philippe falou:

– Creio que temos realmente um problema para solucionar aqui, irmã.

– Senhor, como pode estar aqui, na minha frente, se acabo de encaminhá-lo ao necrotério à espera de identificação? – perguntou a irmã, dirigindo-se a Teofille, como se não tivesse registrado o comentário de Philippe.

– Parece que temos um caso realmente muito curioso para resolver, senhora. A filha do meu amigo também ficou assustada. Mas creio que não seremos muito úteis mesmo assim, porque, ao contrário do que se possa pensar, não tenho nenhum irmão gêmeo, ou mesmo qualquer outro irmão, ou algum parente que tenha tamanha semelhança que possa causar tantos sustos.

– O senhor é o homem que vem causando espanto em várias cidades devido aos seus truques de mágica? – perguntou repentinamente a irmã Deodore, mudando de assunto e aparentando recuperar sua conhecida calma e perspicácia.

– Ora, irmã, não creio que este seja um assunto para o momento. Teofille é meu convidado e se dispôs a vir comigo na tentativa de resolver um mistério. Acho melhor deixarmos algumas diferenças de convicção para outro momento.

– Diferenças de convicção espantosas, pelo que soube. Creio que já é hora de conversarmos seriamente sobre isso, não é, *monsieur* de Barrineau?

– Quem sabe no dia em que eu vier trazer a minha contribuição mensal para com esta casa? – perguntou friamente Philippe, não disfarçando seu sarcasmo de advogado, acostumado a respostas rápidas.

Irmã Deodore conseguiu segurar as palavras no último instante e olhou com algum cinismo para Philippe. Sabia que o argumento era forte o suficiente para calá-la, por isso apenas levantou-se e pediu para que a acompanhassem, encerrando o assunto incômodo.

Seguiram pelo longo corredor do hospital, passando no caminho pelo doutor Roquebert, que se demorava a ir embora devido a tantos feridos precisando de atenção. O médico ficou aturdido ao ver um morto caminhando ao lado da irmã. Diante da estupefação do médico, irmã Deodore apenas balançou a mão direita no ar e falou:

– Estamos resolvendo isso, doutor, estamos resolvendo isso... há mais mortos no necrotério?

– Não, irmã. As famílias já identificaram todos e os levaram. Só sobrou... ele... – falou, apontando para Teofille, que parara, enquanto a irmã já ia distante.

– Tenho a impressão de que os estou levando apenas para sanarem a curiosidade, já que o senhor diz não conhecer ninguém que seja um sósia. Mas eu mesma estou querendo olhar para os dois ao mesmo tempo para me certificar de que não estou sofrendo de algum mal ou sendo iludida por mágicos – falou a irmã, enquanto abria a porta do necrotério e esperava que os homens entrassem, inclusive o doutor Roquebert, que acompanhou o grupo.

Quando fechou a porta e virou-se para a sala ampla, encontrou todos um tanto perplexos. Havia quatro mesas no salão do necrotério, onde eram feitas as necropsias e os corpos permaneciam no aguardo de identificação para a liberação do atestado de óbito. Porém, estavam todas vazias.

– O senhor removeu o corpo daqui, doutor Roquebert? – perguntou a irmã, tentando manter a calma.

– Não fui nem eu quem o trouxe, irmã, foram os enfermeiros.

– Então mande chamar a todos, inclusive as irmãs. Creio que este mistério está longe de terminar.

Capítulo 5

Angers, 02 de abril de 1876.

Era tarde da noite quando os dois retornaram para casa e logo Filomena chamou a mãe e a filha, que estavam ansiosas por notícias. Porém, o senhor Philippe estava cansado. Contou rapidamente que o morto havia sumido, o que deixou Marie ainda mais aflita, mas não quis alongar o assunto. Quando soube que havia recebido uma carta de maneira insólita, apenas falou que não tinha mais nenhuma energia para resolver qualquer problema naquela noite e pediu que todos se recolhessem, porque era preciso descansar, para desalento da filha, que não sentia cansaço algum e gostaria de resolver todos os mistérios do mundo antes que o dia amanhecesse. Foi para seu quarto a contragosto e ficou um longo tempo encostada na cabeceira da cama. Sua excitação fez com que percebesse facilmente que uma porta abria-se muito lentamente e, logo em seguida ela ouviu passos suaves, como se fossem calculados, no corredor, onde um grosso tapete os abafava. Embora sua intuição já adiantasse o que iria acontecer, fazendo com que seu coração disparasse, teve um sobressalto quando ouviu batidas tão delicadas na porta do seu quarto que até poderia ser um fantasma que se manifestava. Será?

Sem fazer barulho nenhum, chegou até a porta e a abriu lentamente para que o fantasma entrasse. Será que Teofille também tinha o dom da bicorporeidade? Rapidamente sua memória buscou a *Revue Spirite* onde Allan Kardec havia escrito sobre o menino que fora visitar seus amigos em Londres sem ter saído de sua cidade, assim como também do capítulo 7 de *O livro dos médiuns*. Ficou alguns segundos olhando para aquele vulto sem ter coragem de falar, porque realmente estava em dúvida se era o corpo ou o espírito de Teofille que estava ali. A escuridão facilitava a dúvida. A única luz vinha das lâmpadas a gás da rua, que passava pelas dobras da cortina, mas apenas permitia que ela divisasse um vulto. Um vulto com olhos cintilantes. O que ele queria? Era gentil e tímido demais para estar ali pensando em qualquer coisa que não fosse correta.

– O que quer? – perguntou Marie, num sussurro tão baixo que mais pareceu um suspiro de amor. Pensava que ele tinha vindo para lhe explicar alguma coisa, por tê-la visto tão ansiosa por notícias. Pensava que ele viera lhe acalmar, por gentileza. Como estava errada!

Teofille deu um passo à frente e, delicadamente, tocou seu rosto com as costas dos dedos. Seus olhos, agora, eram como faróis na noite escura, alertando os navios de Marie para o perigo que havia naquelas águas. Depois ele roçou os dedos levemente até seus cabelos e inclinou-se, porque era bem mais alto do que ela, e pousou um beijo rápido em sua testa. Rápido, mas tomado de tanto carinho que Marie sentiu as pernas bambearem.

– Perdão... – ele falou, e havia tanto desespero na sua voz que ela assustou-se, mas não teve tempo para mais nada. Teofille desapareceu tão rápido da sua frente que ela voltou a pensar que era seu espírito que estava ali. Somente a porta aberta e os passos, agora não tão cuidadosos, pelo corredor, confirmavam que aquilo realmente acontecera. Chegou a temer que seus pais ouvissem os passos ou o seu coração, que batia como um tambor descompassado, embora tivesse tido a impressão de que os passos seguiram em sentido contrário ao quarto dos pais, na direção da escada que descia para a sala. Porém, devia estar confusa demais com tudo que acontecia, por isso não deu atenção ao que ouvia.

O que tinha acontecido? O que significava aquele pedido de perdão? Por ter invadido seu quarto? Teofille estaria apaixonado por ela? Por Deus!

Não dormiu o restante da noite. Somente quando amanhecia conseguiu cochilar, porém foi um sono leve e, logo que ouviu a porta do quarto dos pais bater, pulou da cama. As olheiras denunciavam sua vigília, mas ela não poderia deixar o pai sair sem ter notícias de tudo.

– O corpo simplesmente sumiu, como já falamos ontem – falou o pai.

– Mas como pode ter sumido? Então ele tem família, alguém que se infiltrou no hospital?

– Não sabemos, minha filha. A polícia foi chamada e o próprio comissário Grénault foi até o local. Inquiriram o doutor Roquebert sobre a possibilidade do morto não estar morto, o que o deixou inicialmente indignado, porém, foi consciencioso e entendeu que, por ter muitos feridos para atender e em estado grave, aceitou isso como uma possibilidade.

– Ele estava morto, eu vi... E a irmã Deodore estava junto – falou Marie.

– Existem drogas que fazem o corpo parecer morto, ou mesmo pessoas que conseguem simular a aparência de morte – falou Teofille, que entrava na sala de refeição para o café da manhã e ouvira a afirmação de Marie. Seus olhos estavam fundos nas órbitas e sua pele ainda mais branca do que o habitual, o que demonstrava que também não tivera uma noite tranquila.

– Mas por que uma pessoa se faria passar por morta? Por que sofreria um acidente perigoso correndo o risco de realmente morrer? Que interesse ele poderia ter em ir para o hospital nesse estado?

— Oh! Minha filha já se sente uma advogada, como podemos ver. Temo que realmente queira realizar este sonho estranho — falou Philippe.

— Certamente seria uma grande profissional, se isso fosse possível — comentou Teofille.

— Não vem ao caso, senhores. Estou realmente preocupada com a situação — falou Marie, sentindo o coração descompassar com os olhares fugidios de Teofille, que a olhava e não olhava, como se tivesse medo de delatar suas emoções na frente do pai da amada.

"Será? Será que está apaixonado?", perguntava-se Marie, como se dividisse sua mente em duas, para tratar de dois assuntos ao mesmo tempo, no que era reconhecidamente hábil. O próprio professor Chambot já havia a elogiado por isso.

— Minha filha, agora isso é um problema para o comissário resolver. A única coisa que nos liga ao incidente é a semelhança entre o possível morto e nosso hóspede, o que não é, em nenhum momento, uma arbitrariedade, mas sim uma incomum coincidência. Então vamos deixar o problema com a polícia e seguir nossas vidas.

— Está bem, está bem. Vou contar o caso ao professor Chambot. Tenho certeza de que ele terá vontade de elaborar comigo todas as possibilidades.

— Querida, vou sugerir ao comissário Grénault que a contrate como detetive.

— Mesmo?

— Oh! Não, claro que não. Minha filha não quis estudar música nem qualquer outro tipo de arte, a não ser o canto, mas que pratica muito pouco, meu caro Teofille. Já desisti de tentar que faça atividades como as moças de sua idade. Ao invés de aulas de pintura, preferiu aulas com o professor Chambot. Não sei mais o que faço! Mas, por falar no professor Chambot, quando

vou conhecê-lo, afinal? Quando vai aceitar nosso convite para um jantar?
— Ora, papai, já lhe disse o quanto ele é simples. Além do mais, é quase um eremita. Já cansou do convívio social e quer apenas solidão nas suas horas vagas.
— Mesmo assim eu gostaria de conhecê-lo e só ainda não o fiz por exclusiva falta de tempo. Reconheço que uma indicação da irmã Deodore é confiável, mas gostaria de saber mais sobre a fonte que nutre a sede de conhecimento dessa mente insaciável.
— Um dia ele virá... Oh! Papai! A carta? Esqueci da carta! — falou Marie, assustada, e logo raciocinando que sua memória estava falha devido à noite mal dormida, ou seria devido às emoções que ferviam no peito e mandava seus vapores para a mente?
— Carta? Ah! A carta da menina! Também havia esquecido, mas não se preocupe, deve ser mais um pedido de ajuda financeira. Bem sabem que algumas famílias em que o pai foi condenado passam por situações difíceis... O bom espiritismo que nos deixou Kardec... bem... como todas as religiões cristãs... bem... precisamos agir com solidariedade sempre... — falou Philippe, com alguma dificuldade em completar seu raciocínio, pois não havia como não lembrar da mensagem recebida na reunião mediúnica. Um olhar severo dirigido por Teofille o deixara ainda mais perdido.
— Papai? Senti uma grande indecisão em sua voz. Nunca o ouvi duvidando dos ensinamentos de Kardec, muito pelo contrário, sempre foi um grande defensor do professor Rivail.
— Ora, Marie, você está indo longe demais na perspicácia, a ponto de ver sombras onde não as há. Vamos, vá até o escritório e traga-me a carta, já estou atrasado para os meus compromissos.
A ansiedade repentina ficou evidente nos dedos nervosos do senhor de Barrineau, que tamborilavam na mesa com bastante impaciência. Uma aflição súbita o fez sentir calor na manhã fria e pensou em tirar o casaco que já vestira para ir à rua, antes

mesmo da refeição. Embora tenha se deslumbrado com o fenômeno, jamais fora um estudioso do assunto, como lhe pedira o próprio Kardec tantas vezes. Baseava seus conhecimentos no que via e ouvia, preferindo mais o aspecto espetacular da mediunidade do que os alicerces filosóficos e científicos que ela propiciava. Desta forma, desde o início de seu interesse pelo assunto, ainda em Paris, tornara-se uma presa fácil para aqueles que usavam o conhecimento espiritual pensando apenas no próprio benefício. Depois da comunicação de Kardec, dada por Teofille, pensou em ler com mais cuidado tudo que o mestre havia publicado, mas quanto tempo levaria para isso?

Quando a filha chegou assustada, na noite anterior, havia começado o assunto da mensagem de Kardec com Teofille, mas não teve tempo de fazer nem a primeira pergunta. Então, mesmo percebendo que insistir em pensar no assunto o deixava mais tenso do que seu médico permitia, olhou para Teofille e pediu, em voz baixa e com um leve tom de súplica:

– Meu amigo, estaria disposto a conduzir uma nova reunião mediúnica? Não tenho mais paz desde que recebi aquela mensagem de... – Philippe não teve tempo de terminar a frase, nem Teofille pôde responder, porque Maria já retornava com a carta e a deixava ao lado da xícara do pai.

Philippe de Barrineau puxou os óculos de dentro do casaco e abriu a carta com a faca que acabara de usar no café da manhã. Não teve como a filha não se lembrar da mensagem misteriosa que o pai recebera há duas noites e, no mesmo momento, pensou em questionar mais uma vez o pai sobre o assunto. A comparação entre os dois momentos ficou ainda mais evidente quando o pai empalideceu e seus dedos tremeram. Um momento de tensão logo se deflagrou, pois Philippe, como sempre fazia em momentos tensos, puxou o colarinho para liberar a gravata e respirou profundamente, dobrando a carta imediatamente e a colocando no bolso do casaco.

– Papai! Por Deus! O que há?

– Nada, minha filha... nada grave... – respondeu, com alguma dificuldade. A palidez inicial deu lugar a uma vermelhidão repentina e apareceram gotas de suor na sua testa. – Apenas preciso de um pouco de ar puro; não dormi bem por duas noites seguidas – continuou, ficando em pé, mas, assim que levantou, suas pernas não o sustentaram e ele caiu, levando a mão direita ao peito, enquanto a esquerda tentava se agarrar à borda da mesa, mas apenas trazia a toalha e as louças do café da manhã para cima de si, produzindo uma cena espalhafatosa.

Marie gritou e correu para socorrer o pai. O grito da filha e o barulho das louças quebrando logo trouxeram a mãe e Filomena, que vieram da cozinha correndo. O barulho também trouxe para a sala de refeições o cocheiro, o jovem Pascal, que há pouco substituíra o avô na função. Pascal era um jovem vigoroso e rapidamente levantou Philippe de Barrineau do chão e o levou para a sala de visitas, colocando-o deitado em um grande sofá. Não foi preciso que recebesse nenhuma ordem e saiu apressado para buscar o doutor Beaumont, antigo médico da família e que há muito pedia para Philippe tomar mais cuidados com o coração.

As mulheres logo rodearam o senhor de Barrineau. Enquanto a mãe e a filha afrouxavam suas roupas e abriam sua camisa, Filomena usava uma toalha para abaná-lo. O pai respirava com dificuldade e um suor frio empastava suas roupas, para desespero da mãe e da filha, que já haviam passado por uma situação semelhante, mas não com tanta intensidade.

Teofille, por sua vez, ajudou a tirar o casaco de Philippe e o colocou sobre uma poltrona do outro lado da sala. Marie, embora desesperada com o pai, mais uma vez dividiu sua mente e não deixou de acompanhar os movimentos de Teofille. Este, por sua vez, viu que estava sendo vigiado e Marie pôde perceber algum constrangimento. Por que Teofille dobrou com tanto cuidado o casaco, numa situação de emergência? Por que deixara o bolso, onde o pai guardara a carta, virado para cima? Coincidência apenas, ou também estava curioso?

Não demorou para que Pascal retornasse com o doutor Beaumont, que não morava distante dali, e, para surpresa de Marie, com ele veio o doutor Roquebert. O pai já começava a apresentar sinais de melhora, o que relaxou as mulheres, enquanto Teofille, educadamente, pediu para retirar-se, entendendo que aquele era um momento íntimo da família e sua presença não era mais necessária. Ainda assim deixou claro que bastava chamá-lo em caso de necessidade. Tão logo ele saiu, Marie, deixando os dois médicos cuidando do pai, apanhou o casaco de sobre a poltrona com o propósito de encontrar um local mais apropriado para ele. O doutor Roquebert, embora os cuidados com o doente, a seguia constantemente com o olhar. Não demorou para que a jovem voltasse para a sala e os olhos do médico cintilaram de alegria, mesmo que ninguém conseguisse perceber este cintilar. Enquanto isso, posicionando-se no *hall* de uma forma que pudesse ser visto, caso fosse necessário, Pascal também acompanhava cada movimento de Marie.

Ah! O jovem e forte Pascal! Um gigante voluntarioso, e belo, muito belo, que também estava perdidamente apaixonado por Marie. Crescera com ela, brincara com ela, aprendera a ler e escrever com ela, e parecia estar apaixonado por ela desde a primeira vez que a vira, ainda muito criança. Como todo apaixonado perspicaz, Pascal não deixou de observar as reações do doutor Roquebert e, assim como se preocupava com o visitante ilustre da casa, também passou a se preocupar com o médico. Preocupar-se era o que lhe restava, pois, o que ele poderia fazer além disso? Era pobre e sem origem, que chance teria?

— Já lhe falei isso uma vez e vou repetir: a angina de peito é um mal muito perigoso, meu caro. Uma próxima crise poderá tirá-lo deste mundo — falou o doutor Beaumont, depois de examinar o paciente, que já respirava melhor, principalmente com tantos sais odoríficos que *madame* Suzette o fizera cheirar. — Sei que o senhor crê plenamente na continuidade da vida após a morte do corpo, assim como eu, mas também acredito que sua família espera vê-lo por perto por um longo tempo ainda; por isso, é melhor tomar mais cuidado, como já lhe preveni. Da próxima vez prefiro encontrá-lo em sua adega do que em seu quarto, meu amigo. Por sinal, quero que melhore logo, porque estou com saudade dela.

– Eu pretendia chamá-lo em breve para isso, caro doutor. Os dias estão tão apressados que nem tive tempo de levar meu convidado até a adega, o que pretendia que fizéssemos juntos esta noite.

– Ainda faremos. Philippe tem uma das melhores adegas da região, no subsolo da casa – falou Beaumont para Roquebert, que pareceu não se interessar pelo assunto. – Porém, para continuar a desfrutá-la, precisa seguir à risca nossas orientações.

– Terá que repousar por alguns dias e tomar tintura de espinheiro para se prevenir de uma nova crise, que, se ocorrer, poderá ser fatal, senhor – falou calmamente o doutor Roquebert, contando com o sorriso de aprovação do doutor Beaumont.

Filomena já havia providenciado uma arrumação rápida no quarto de trabalho do senhor Philippe, que era ligado ao seu escritório por uma escada que vinha do andar de cima. Para lá ele foi levado nos braços fortes de Pascal, sendo que os médicos o tempo todo pediam para ele não fazer nenhum esforço.

– Terá que ficar em absoluto repouso até que eu permita levantar-se – falou o doutor Beaumont para *madame* Suzette – Alguns colegas dizem que nem o esforço de levantar uma colher é permitido, mas isso eu contesto. Mesmo assim, ele não pode sair da cama e menos ainda ter qualquer tipo de preocupação.

– Ele ficará deitado, doutor. Pascal o deixará em casa e irá até o escritório informar da ausência de Philippe por tempo indeterminado.

Roquebert beijou ternamente a mão de Marie, enquanto um vendaval partia dos olhos de Pascal e seu peito arfava com intensidade maior. Antes de sair, o médico mais jovem ainda

pediu para que Marie não fosse ao hospital e dedicasse seu tempo ao pai, enquanto ele precisasse.
– Tenho certeza de que os demais doentes entenderão.
Assim que todos partiram, Marie, vendo a mãe ocupada com os cuidados ao doente, dirigiu-se discretamente ao quarto de Teofille e bateu à porta. Ele mal terminara de abri-la e Marie perguntou:
– Por que o senhor me pediu perdão?
– Perdão? Eu lhe pedi perdão?
Uma leve agitação nos olhos de Marie denunciavam sua dúvida. Será que fora um fenômeno de bicorporeidade mesmo? Seria possível? Sem tirar os olhos de Teofille e, por isso, com o coração parecendo pular algumas batidas, voltou a insistir.
– O senhor entrou no meu quarto esta noite, beijou minha testa e me pediu perdão. Estamos em 1876, não creio que seja mais necessário que um homem peça perdão a uma mulher para lhe beijar a testa, mesmo que seja um hóspede invadindo seu quarto. Então, gostaria de saber o real motivo por ter me pedido perdão.
– Perdoe-me, *mademoiselle*, mas... eu invadi seu quarto? Quando?
– Esta noite, senhor, esta noite – respondeu Marie, mas agora já sem tanta convicção e temendo mesmo por suas faculdades. Será que poderia ter sido um sonho?
– Então lhe peço perdão novamente, mas eu não saí do meu quarto a noite toda.
– O senhor conhece o fenômeno de bicorporeidade? – perguntou a jovem se empertigando e não se dando por vencida.
– Não está entre meus atributos, ao menos que eu saiba. Lembre-se que o fenômeno pode acontecer sem que a pessoa esteja ciente – respondeu Teofille, demonstrando conhecimento do assunto.
– O senhor entrou no meu quarto pouco tempo depois de todos terem se recolhido, tocou levemente em meu rosto e beijou minha testa, depois pediu perdão. Não estou louca.

– Nem eu tampouco, mas fenômenos inusitados costumam me acompanhar por onde vou. A vida toda foi assim, lamento.

Marie virou as costas e saiu sem dizer palavra. As últimas palavras de Teofille quase a fizeram delatar seu sentimento. A melancolia expressa nelas quase a fez querer tomá-lo no colo e cuidá-lo de todas as agruras da vida, por isso fugiu antes que cometesse uma insanidade. O que havia acontecido? Estaria mentindo? Realmente, desde que ele chegara a sua casa, situações insólitas se repetiam. Ela já acumulava muitas perguntas sem resposta e, agora, com o pai em absoluto repouso, como faria para perguntar a ele?

Recostou-se à cabeceira da cama e suspirou fundo. Precisava de alguns minutos de repouso para que a mente pudesse funcionar plenamente. Sentiu que o sono logo a faria adormecer, por isso, quando em sua mente apareceu a imagem da carta que, sem a permissão do pai, tirara do bolso do casaco e lera, fez questão de pensar em outra coisa para que isso não a fizesse perder o sono. A imagem da carta foi sumindo lentamente sem que ela se preocupasse com isso, pois sabia que sua memória a registrara, afinal, era tão curta:

"Flammarion Duncert voltou."

Capítulo 6

Angers, 05 de abril de 1876.

Em dois dias o senhor Philippe já clamava ao doutor Beaumont que o autorizasse voltar à sua rotina. Sentia-se bem e o coração estava tranquilo, por isso tinha certeza de que poderia voltar a trabalhar, ainda mais que estava com tantos assuntos pendentes.

– A doença do coração é sorrateira e silenciosa, caro amigo, por isso não podemos descuidar – aconselhou doutor Beaumont.

– Foi um mal momentâneo, não creio que se repetirá. Tenho ações a dar andamento que meus sócios e funcionários jamais conseguirão sozinhos. Há famílias esperando por decisões minhas. Bem, o amigo sabe como é a vida de um advogado, sempre envolvido sem situações turbulentas...

– Como a que lhe levou a ter uma crise do coração? – perguntou o médico, interrompendo Philippe. – Meu amigo não me falou nada ainda sobre isso. Teria a ver com Paris? Teria a ver com o nascimento de sua filha? Será que posso ajudar?

– Ah! Gostaria que pudesse! Realmente gostaria, mas, embora o senhor tenha razão quanto à origem do problema, somente eu posso resolver, e é por isso mesmo que preciso que autorize minha liberdade. Sem sua palavra, Suzette não me deixa nem abrir os olhos.

– Daqui a dois dias passarei por aqui novamente e veremos. Convidarei o doutor Roquebert para vir comigo e o examinaremos, antes de eu tomar uma decisão. Em dois dias e não antes, em hipótese alguma. Enquanto isso, não relaxe da sua tintura e da alimentação – falou o médico já em pé, não conseguindo esconder totalmente a decepção pelo fato do amigo não querer lhe contar o motivo de ter passado mal.

Doutor Beaumont conhecia Philippe desde tenra idade e cuidava de sua família mesmo antes de este estudar em Paris, por isso, sentia-se na obrigação de participar de problemas que iam além da saúde física. Era muito amigo do senhor Denis, o pai de Philippe, e sofrera bastante com sua morte, por mais que tivesse se esforçado para mantê-lo vivo. O pai de Philippe morrera de um ataque súbito do coração, e isso o fazia preocupar-se ainda mais com o filho. Pela proximidade com a família, principalmente depois da morte do pai, muitas vezes ouvira problemas pessoais de Philippe e o aconselhara, além de tê-lo realmente ajudado em momentos delicados do passado. Além do mais, estava presente à sessão mediúnica quando Teofille lhe entregou uma mensagem escrita enigmática. Viu a alteração emocional que a mensagem causou e, desde então, estava curioso para saber o que nela continha. Imaginava que o mal estar cardíaco do seu paciente estava diretamente relacionado com a mensagem, mas não queria ser indiscreto, indo além do que era permitido pela amizade e pela profissão.

Assim que o médico saiu, Teofille veio ver como estava o anfitrião. Sem perda de tempo, Philippe falou:

– Meu amigo, sabe muito bem o quanto estou preocupado com a mensagem que recebi em nossa reunião. Creio que prolongar esta angústia somente poderá agravar qualquer problema de coração que eu possa ter, já que todos os médicos recomendam tranquilidade.

– Hoje à noite, senhor, somente eu e o senhor, aqui, neste quarto, faremos uma sessão – atalhou Teofille, ciente de qual seria o pedido de Philippe.

— Somente nós? Não necessita de mais pessoas para sustentar a corrente?
— Entro em contato com os espíritos onde e quando quiser, senhor, desde que esteja em um local silencioso e sem interrupções.
— Muito bem. Na verdade, é melhor assim. É um assunto tão delicado que preferia não ter que dividi-lo com ninguém, ao menos por enquanto.
— Nem com sua filha?
— Oh! Ainda menos com ela. Não creio que ela tenha maturidade para lidar com um assunto como esse, mas, por falar em Marie, gostaria que o amigo me fizesse um favor...
— Ele já está esperando na antessala, senhor — interrompeu novamente Teofille.
— Ele?
— Sim, o jovem Pascal...
— ... mas como sabe que eu gostaria de vê-lo?
— Intuição, senhor Philippe, apenas intuição. Por isso já pedi que viesse e esperasse para ser chamado, o que farei imediatamente — respondeu o médium, com um sorriso leve nos lábios, ciente de que causara a impressão desejada, enquanto levantava e saía do quarto para chamar Pascal, que não demorou a entrar.
— Diga-me, Pascal, está seguindo a risca o que eu pedi? — perguntou Philippe, sem delongas, como era seu costume.
— Sim, senhor. Há dois dias sua filha só não está ao alcance dos meus olhos nos seus momentos mais íntimos, exatamente como o senhor pediu. Também já pedi para papai me ajudar a encontrar alguns homens de confiança para reforçar a segurança.
— E onde está Marie, agora?
— Acabei de trazê-la para casa. Estava estudando na casa do professor Chambot.
— Professor Chambot! Fale-me dele, Pascal. Qual sua opinião?
— Não o conheço o suficiente, mas me pareceu uma pessoa confiável. Pelo que sei, vive apenas do que seus alunos lhe

pagam. Ouvi falar que tem um parentesco distante com a irmã Deodore, por isso veio parar em Angers.
— Muitos professores foram perseguidos pelo imperador[6] por terem ideologias diferentes. Os que não foram deportados precisam viver de maneira um tanto clandestina. Ficaria incomodado se eu lhe pedisse para se informar mais sobre o professor? Você sabe, Marie é meu maior tesouro e até hoje nunca consegui conversar com esse homem pessoalmente. Mesmo que tenha sido uma indicação de irmã Deodore, é melhor nos precavermos.
— Descobrirei o que for possível senhor — respondeu Pascal, com alguma dificuldade em manter-se olhando para Philippe, como se o que sentia por Marie pudesse escapar dos seus olhos e delatá-lo.
— Ótimo... ótimo. Mantenha-se atento à minha joia mais preciosa, Pascal.
— Sei que não posso ser indiscreto, senhor Philippe, mas nunca me pediu para cuidá-la assim, tampouco para encontrar homens para reforçar a segurança. Posso saber se existe algum perigo maior?
— Existe... sim, existe, mas infelizmente não posso lhe informar de nada. Muito menos ninguém da família pode suspeitar desse perigo. Só lhe peço para ficar atento e não deixar nenhum desconhecido se aproximar, principalmente de Marie.
Os passos de *madame* Suzette fizeram com que o assunto fosse interrompido e Pascal, pedindo licença, se retirou, ainda

---

[6] Carlos Luís Napoleão, ou Napoleão III (Paris, 20 de abril de 1808 — Chislehusrt, 9 de janeiro de 1873). Era sobrinho e herdeiro de Napoleão Bonaparte. Foi o primeiro presidente francês eleito por voto direto após a queda da monarquia de Luis Philippe de Órleans. Entretanto, impedido de concorrer a um segundo mandato pela constituição e parlamento, juntamente com a Sociedade 10 de dezembro (data de sua eleição), organizou um golpe em 1851, quando dissolveu a assembleia, silenciou a imprensa e deportou inimigos políticos, assumindo o trono como imperador no final do ano seguinte. (Nota do autor)

ouvindo as reclamações do senhor Philippe quanto à alimentação rala que a esposa lhe trouxera, além de seus insistentes pedidos por ao menos uma taça de vinho. Pascal nunca tinha recebido uma incumbência tão prazerosa: estar perto de Marie e vigiar por sua segurança, mesmo que o pedido o incumbisse de não deixar que a menina percebesse os cuidados extras.

O que Pascal não sabia, tampouco o senhor Philippe, é que Marie já havia percebido, assim como já havia relacionado a vigilância ao estranho bilhete que levou seu pai a um colapso. Quando Pascal passou pela sala de visitas, encontrou Marie e Teofille conversando no grande sofá e, servilmente, pediu desculpas antes de sair.

– O que meu pai lhe pediu, caro Teofille? Uma nova sessão mediúnica para hoje à noite? – perguntou Marie ao hóspede, tão logo Pascal saiu da sala.

– Vejo que *mademoiselle* é muito intuitiva, talvez até mais do que eu...

– Ele não me disse o que continha a mensagem.

– Tampouco eu estou autorizado a dizer.

– Ah! Certamente! Jamais o colocaria em uma situação tão melindrosa. Apenas gostaria de saber se haverá uma nova sessão.

– Sim, haverá. Somente eu e ele.

– O quê? – perguntou Marie, ficando em pé.

– Sim... lamento, mas...

Marie não deixou que Teofille terminasse a frase e saiu na direção do quarto de repouso do pai, imediatamente procurando conter a indignação, ciente de que Philippe não poderia se alterar emocionalmente, devido ao seu estado. Mas, ah!, como poderiam ter aventado a hipótese de uma sessão sem ela estar presente? Já não havia lhe dito nada sobre a mensagem enigmática e, agora, queria uma sessão em sua casa sem que ela participasse? Com muito custo conseguiu controlar-se antes de entrar pelo quarto, respirando pausadamente e caprichando na captura do melhor sorriso que pudesse oferecer ao pai. Assim, com a alma sorridente, bateu com os nós dos dedos na porta entreaberta e ouviu o pai dizer:

— Entre, minha filha, mas entre com calma, pois posso sentir sua indignação daqui.

— Ora, papai, de onde tirou essa ideia? Acaso sua mediunidade revelou-se abruptamente? — perguntou Marie, com um sorriso gentil nos lábios, sentando-se ao lado da cama do pai.

— Não preciso de mediunidade para saber o que o peso dos seus passos dizem, afinal, conheço-a desde sempre. Posso imaginar que pressionou nosso convidado até que ele contasse que teremos uma sessão mediúnica privativa esta noite.

— Papai!

— Você pode vir.

— O quê?

— Também a conheço o suficiente para saber que esse brilho no olhar não aceitaria jamais uma negativa. Então, antes que ameace se jogar no Maine, a convido para participar.

— Oh! Meu pai...

— Não diga nada, não diga nada. Só lhe adianto uma coisa muito importante: tudo que você possa ouvir ou ver nesta sessão não poderá, em hipótese alguma, ir além das paredes deste quarto. Ouviu bem, minha pequena rainha?

Capítulo 7

Angers, 05 de abril de 1876.

Não era comum que as sessões, obrigatoriamente, tivessem pouca luz. Porém, Teofille gostava da penumbra para se concentrar. Apenas uma vela no canto do quarto jogava sua luz baça pelo ambiente, e o silêncio era total. Marie demorava a controlar a emoção e se afligia por não conseguir equilibrar adequadamente a respiração, que parecia ser o único som perceptível, tanto que o médium abriu os olhos e sorriu gentilmente para ela, como se dissesse: você está me atrapalhando, mas eu espero.

Depois de uma respiração profunda, ela conseguiu se controlar. Seu pai havia se postado sentado na cama de espaldar alto e feita de madeira escura, enquanto que ela e Teofille se colocavam em cadeiras, um de cada lado da cabeceira. O médium voltou a se concentrar e sua face, na penumbra, parecia a de um espectro. Usava uma camisa branca com o colarinho desabotoado, embora fosse uma noite fria, e havia tirado os anéis que lhe ornavam os dedos das duas mãos. No criado mudo ao seu lado, havia tinta e pena, além de uma resma de papéis, caso a comunicação fosse novamente por escrito.

Na primeira sessão acontecida há poucos dias, não demorou tanto para que os espíritos começassem a se manifestar, mas Marie sabia, ou intuía, que esta sessão seria com outra finalidade. O médium e o pai esperavam que apenas um espírito se comunicasse: o autor da mensagem que ela fremia intimamente de curiosidade em saber quem era. Será que tanta curiosidade estava atrapalhando a concentração de Teofille?

No meio do silêncio, ela pôde ouvir o ronronar de um gato além da janela do quarto e passos de pessoas que tardavam na rua, além do sussurrar baixinho do vento leve passando pela janela, o que a fez relaxar ainda mais. Neste momento, Teofille estremeceu e respirou fundo, para em seguida falar:
– O que quer saber, meu caro amigo? – perguntou o espírito que se usava do médium.
– Rivail? É você? – perguntou Philippe.
– Ora, não lhe falei que voltaria para melhor me explicar? – respondeu o espírito comunicante, através do médium.
– Os dias têm sido difíceis... mas como posso saber que é mesmo quem diz ser?
– Sempre direto e econômico com as palavras, não é *Radin*?[7]
– *Radin*? Sim, *Radin*, você me chamava assim. Ajudou com minha contabilidade quando eu havia me perdido em Paris... *Radin!*
– *Il faut que tu aies un petit peu radin.*[8]
– Sim, e passou a me chamar de *Radin*, para eu me lembrar, e parar de gastar. Então é mesmo você? Juro que torcia para ser um embusteiro! Como pôde dizer que toda sua doutrina é falsa?
– Ora, meu caro *Radin* – continuou o espírito através do médiun, que falava com desenvoltura –, é tão simples explicar, quanto é triste reconhecer. Muita coisa é como os espíritos falaram, muita coisa. Porém, há um elemento fundamental que faz desabar todo o edifício que construí. Como estou triste! Parecia tudo tão claro! Sabe bem o amigo o quanto sou, ou fui, exigente com o método. Sabe bem o quanto fui severo com a coerência. Como pude me deixar enganar?

---
[7] 'Avarento', em francês.
[8] Você precisa ser um pouco avarento.

Marie estava aflita. Rivail! Só podia ser Hippolyte Léon Denizard Rivail quem estava ali. Só podia ser Allan Kardec, ao qual sabia que seu pai havia conhecido pessoalmente e, além do mais, convivido em Paris. Por isso a intimidade, mas o que ele estava dizendo? O que significavam aquelas lamúrias e afirmações? Desabar o edifício que construiu? Então a doutrina dos espíritos tinha erros? Por Deus!

– Caro Denizard – falou Philippe, da maneira que costumava chamá-lo nos tempos de Paris –, estou cada vez mais aflito, e por dois motivos. O primeiro: não quero crer que sua doutrina, tão maravilhosa, esteja errada. O segundo: por que eu? Com tantos médiuns, seguidores, continuadores, por que eu a saber disso?

– Os que me seguiam jamais me reconheceriam agora. O próprio Leymarie[9] iria me ignorar, quanto mais agora que os inimigos do espiritismo conseguiram levá-lo para o banco dos réus. Além do mais, você foi o único amigo próximo que aventou esta hipótese enquanto eu estava em vida corpórea. Não era uma hipótese, era a verdade...

– Por favor, explique-se melhor, meu amigo. Daí onde está deve saber melhor do que eu da minha condição de saúde. Não me é permitido maiores aflições.

– Adianto-lhe que deve se cuidar muito. Seu estado inspira cuidados persistentes, mas não é sobre isso que precisamos falar e não podemos abusar em demasia do médium, que, por sinal, faz muito bem seu trabalho.

---

[9] Pierre-Gaëtan Leymarie. Assumiu a direção do movimento espírita após a morte de Allan Kardec. Anteriormente, devido a ser apoiador de ideias republicanas, foi forçado a exilar-se no Brasil após o golpe de Luís Napoleão em 1851. Voltou a Paris com a anistia de 1859. Em 1875 foi a julgamento por publicar na *Revista Espírita* fotografias de espíritos feitas por Édouard Buguet. O fotógrafo, pressionado pelo magistrado, afirmou que as fotografias eram montagens, mas que Leymarie nada sabia. Caso Leymarie confessasse o crime, não seria preso. Não o confessou e foi condenado a um ano de reclusão e ao pagamento de quinhentos francos.

— Sim, conversamos como se estivesse ainda encarnado. Mas, por favor, explique-me melhor: que hipótese eu aventei que poderia fazer perder toda uma doutrina?
— Causa e efeito... ação e reação... reencarnação... não se lembra mais como pensava antes?
— Então não é como aprendemos? Então o que eu defendia está certo?
— Basicamente, sim. A vida deve ser uma busca constante da felicidade. Aqui, no lado espiritual, não há alegria nenhuma que se compare às alegrias terrenas, sem demasiados excessos, sem exageros, obviamente. Ah! Um bom vinho! Uma boa mesa! Um grande amor! Nada que exista por aqui. A reencarnação é independente do que fazemos de certo e errado, o que faz perder o elo que eu supunha imprescindível da ação e reação. Agindo certo ou errado, sendo bom ou sendo mal, voltaremos em experiências diversas e sempre diferentes uma da outra, e não há relação de causa e efeito que justifique o que vivenciamos de alegria ou tristeza, dor ou prazer, em cada jornada na matéria. Na verdade, estar reencarnado é o maior presente de Deus, porque a vida material é incrivelmente feliz comparada com a vida espiritual. É na matéria que se processará a evolução pela eternidade, e não ao contrário, então é aí a verdadeira vida.
— Para sempre? Pela eternidade? E os espíritos superiores, não são felizes?
— Não se lembra de sua própria teoria? Como me arrependo de não tê-lo ouvido! Ah! Mas sei que, embora tão inteligente, prefere aprender ouvindo o que lhe falam do que lendo o que escrevem. Até mesmo meus livros apenas leu superficialmente, o que é uma pena, pois, se os tivesse lido com atenção, poderia ter me alertado e talvez me convencido de que sua teoria era mais correta.
— Não era uma teoria minha, embora me sentisse tentado a acreditar. Ouvi de outras pessoas, como diz... Mas, então...

– Sim, ela é verdadeira. Depois de quase infindáveis vidas, somos chamados por espíritos superiores para uma nova fase, e apenas daí em diante passaremos a ser responsáveis por nossos atos, agora em mundos materiais bem mais avançados do que o nosso, mas seguindo os princípios da matéria. O que cada um aprendeu mais será sua base. O que aprendeu mais sobre medicina aprenderá a ser médico nesses mundos. O que aprendeu mais sobre ensino, poderá aprender a ser professor de verdade. Os próprios espíritos superiores, tão logo se desobriguem das almas pelas quais são responsáveis, reencarnam nesses mundos mais avançados. Por isso, a vida na matéria, atualmente na Terra, é apenas para ser vivida.

– Mas e os maus, os indolentes, os criminosos?

– Em cada vida se comportarão diferentemente. Não há um padrão. Não há causa e efeito organizando o destino, e o mérito é dispensável. Somos todos realmente iguais não apenas pela nossa concepção como filhos do mesmo Deus. Hoje seremos maltrapilhos, em outra vida viremos como reis, mas apenas para que possamos aprender com cada uma das experiências, e não por mecanismos de ação e reação. No plano evolutivo que nos encontramos, apenas o acaso nos orienta e a vida é para ser vivida na felicidade plena, o quanto a sorte permitir.

– Por Deus! Foram tantos espíritos sérios que lhe falaram! Como pode ter se enganado? E o espírito Verdade? Muitos pensam que é o próprio Jesus.

– É apenas um espírito familiar. O espiritismo foi por mim levado ao mundo apenas para chamar a atenção sobre a espiritualidade e a possibilidade de comunicação com os mortos. Isso causará um grande impacto em muitas mentes, porém, logo uma nova revolução abalará a sociedade, assim como uma nova onda de comunicações dos espíritos virá. Como o mundo já terá aprendido que isso é possível, dará mais atenção. As pessoas precisarão aprender a viver mais livremente, amar mais livremente, sem tantos compromissos que somente nos

prendem, nunca libertam. E você foi convidado para começar a completar a verdadeira mudança que eu iniciei, caro *Radin*.
– Eu? Como assim?
– Não posso me demorar mais. Ainda voltarei. Temos muito a conversar. Mas o que eu quero lhe dizer, na verdade, em boa parte já está escrito. Quando eu estava preparando *O livro dos espíritos*, recebi outro que, infelizmente, não dei a devida atenção. Na verdade, não cheguei nem a ler o que nele estava escrito, de tão atarefado que estava, deixando de lado a vida, o que foi uma pena. Mas agora sei que ele contém quase tudo o que realmente é preciso que o ser humano aprenda sobre os espíritos.
– E onde está este livro? Quem o escreveu?
– Creio que o amigo saiba quem o escreveu, mas confirmarei isso apenas no seu devido tempo. Por entender e achar justo que tenha suas desconfianças vou lhe deixar um pequeno enigma que, ao decifrá-lo, acreditará com mais facilidade que sou mesmo Kardec. A pergunta 359 de *O livro dos espíritos* pode confirmar que sou eu que lhe falo, enquanto que a 814 lhe lembrará de onde veio o livro que contém a verdade. Adeus!
– Mas...
Philippe de Barrineau não teve tempo de completar a frase. Num frêmito, Teofille abriu os olhos e respirou profundamente, deixando claro que o espírito de Rivail havia partido.

Capítulo 8

Angers, 06 de abril de 1876.

A manhã estava cinzenta e fria devido à neblina que subia do Maine e cobria toda a cidade, fazendo com que as formas ficassem indefinidas e as esquinas sinistras. O cabriolé[10] ia lento pelas ruas calçadas, conduzido por Pascal, que, por não saber que tipo de perigo Marie poderia correr, não estava se sentindo à vontade com aquele mundo encoberto, onde uma pessoa poderia estar muito próxima de você, sem poder ser perfeitamente identificada.

Pascal, como fazia duas vezes por semana, estava levando Marie à casa do professor Chambot, porém, ela nunca ia tão cedo. Mal ele se apresentara para o serviço, e ela já estava pronta o esperando, antes mesmo que os demais membros da família acordassem. Era fácil de perceber a aflição no rosto da jovem e isso o deixou ainda mais inquieto.

A rua da casa do professor não era calçada e um pouco retirada da cidade, sendo que a casa ficava isolada das demais, praticamente onde a rua acabava. Era uma casa simples, mas grande e bem construída, quadrada e sem ornamentos. As paredes eram de pedras de arenito bem trabalhado e as janelas

---
[10] Carruagem pequena, leve e rápida, de duas rodas, capota móvel, e movida por apenas um cavalo, onde o condutor postava-se atrás e por cima da capota.

pintadas de azul-claro faziam lembrar uma propriedade rural. Não havia cercas ou muros ao redor, e um gramado pontilhado de pequenas flores brancas se estendia desde a casa até a floresta, a 100 metros dali. Chegando-se à floresta e virando para a esquerda, descia-se para a margem do Maine, que ficava a cerca de 500 metros. Pássaros cantantes quebravam o ar espectral da manhã, o que relaxou um pouco Pascal, e também a Marie, que realmente estava aflita.

– Não acredito no que ouvi – ela falou ao pai na noite anterior, tão logo o espírito comunicante partiu. – Perdoem-me, mas isso só pode ser uma farsa!

Philippe e Teofille não responderam. Uma pessoa atenta, e Marie o era, poderia perceber uma leve sombra de contrariedade cobrindo o olhar do médium. Já seu pai estava aturdido demais com tudo o que ouvira para fazer algum julgamento, ou mesmo fazer qualquer comentário. Por isso, apenas falou:

– Eu preciso ficar sozinho.

– Mas, papai...

– Eu lhe avisei, minha filha, que não haveria comentários do que você ouviria esta noite. Por favor, respeite o que combinamos. E também respeite nosso hóspede, que teve a gentileza de me atender. Não é nada educado duvidar da sua comunicação.

– Eu não estou duvidando do senhor, caro Teofille, mas sim do espírito – falou Marie, incomodada com o médium desde que percebeu a sombra em seu olhar.

– É quase o mesmo – falou o pai. – Por favor, não tenho condições de mais nada esta noite. Sinto que talvez tenha sido precipitado o que fizemos. Preciso descansar.

Quando a filha e o médium estavam para sair do quarto, Philippe ainda falou, baixo, como se estivesse usando as últimas reservas de força:

– Marie, minha filha, por favor, nem uma palavra sobre o que ouviu, e seja educada e não perturbe mais nosso hóspede hoje. Deixe-o dormir.

Tão logo eles saíram, a senhora Suzette entrou, preocupada que estava com o senhor de Barrineau. Foi com muito custo que Marie não despejou sobre Teofille uma chuva de perguntas. Esperou que este fosse gentil e entrasse no assunto sem que ela perguntasse, mas este apenas sorriu levemente e avisou que iria para seu quarto. Ela quase gritou de indignação e curiosidade, mas, tentando obedecer ao pedido do pai, conteve-se. Ficou um longo tempo acordada em seu quarto, com ouvidos atentos a passos no corredor, mas Teofille não veio e ela, mais uma vez, não conseguiu dormir.

Aquele não poderia ser o verdadeiro Allan Kardec, embora ele tenha até deixado um enigma para provar quem era. Mas não podia ser! Tudo em sua doutrina era perfeito e ela já a estudara exaustivamente. Quanto mais estudava, mais se deslumbrava com a coerência dos ensinamentos. Aparentemente seu pai nem desconfiava do espírito farsante. Como podia? Sabia que o pai, embora profundo admirador de Kardec, era relapso com a leitura dos seus livros, embora a tivesse sempre incentivado a conhecer tudo o que o mestre escrevera. Mas, mesmo não tendo se aprofundado como ela nos livros, conviveu com ele, sabia da sua racionalidade, como agora poderia duvidar? Ou ela estava errada? Ou ela, por ser muito jovem, não estava à altura de todo aquele enigma? Só havia uma pessoa que poderia ajudá-la, e ao pai, a sair daquele dilema.

Marie ficou ainda alguns minutos dentro do cabriolé, revisando mais uma vez tudo o que ouvira, e só quando Pascal pulou do seu posto é que ela se prestou a descer. Sabia que o professor acordava sempre muito cedo, por isso não temia estar incomodando. Ao invés de bater na porta, contornou a casa e foi para os fundos, onde um pátio largo se abria e se estendia até uma pequena lagoa, cheia de gansos e patos, que agora grasnavam e vinham na direção de um senhor que, apoiado em uma bengala, derrubava uma grande porção de milho em um cocho. Um homem, do outro lado da lagoa e que Marie nunca tinha visto por ali, ao vê-la se aproximando, virou-se e subiu rapidamente para outra casa menor, nela entrando logo em seguida. Chambot já havia lhe falado que abrigava um velho amigo que fora atingido pelo regime e que, um tanto excêntrico, não gostava de muitos contatos, por isso Marie não se interessou. Além do mais, tinha assuntos bem mais graves agitando sua mente.

O alarido dos animais permitiu que Marie se aproximasse sem ser notada. A neblina, agora mais rala e com o sol começando a vencê-la, dava ao lugar certo encantamento.

– Que bom que você veio me ver tão cedo! – falou o professor, sem se virar.

– Oh! Ainda não tinha me falado desta habilidade, meu amigo. Consegue ver com os olhos do espírito?

– Ah, sim! Com os olhos do espírito... sim – falou o professor, virando-se para ela, como um sorriso terno nos lábios. – Estes olhos do espírito a viram vindo longe na rua, quando saiu para dar comida aos futuros *foie gras*. Mesmo com a neblina, foi fácil distinguir o seu cabriolé. Não tenho as habilidades do seu hóspede, minha querida, mas, mesmo assim, alguma coisa intuitiva em mim diz que é sobre ele que vem me falar. Hoje não é dia de sua aula...

– Então sua intuição está muito boa.

– Se eu puder lhe ajudar – falou o professor Chambot, oferecendo o braço direito para ela e virando-se na direção da casa. Ele tinha o rosto alongado e sereno, com sobrancelhas largas e precocemente cinzentas, assim como seu cabelo grisalho, sempre um pouco desgrenhado. Era um tanto difícil precisar a idade do professor e este nunca a revelava. Marie sabia que ele estivera doente e a doença dos reis[11] ainda o afligia bastante. Era magro e um pouco encurvado, sendo que seus olhos eram negros e argutos. Uma barba mal aparada e também acinzentada se espalhava pelo restante do rosto, e Marie

---

[11] Historicamente a 'gota' era conhecida como doença dos reis.

acreditava que ele tinha cerca de sessenta anos. Um ferimento na perna esquerda, que conseguiu com um tiro acidental em uma caçada, o fizera ter que usar a bengala por necessidade precocemente, segundo contou, mesmo que preferisse falar pouco de sua vida.

Capítulo 9

Angers, 06 de abril de 1876

Quando entraram e se acomodaram ao redor da mesa onde ele costumava dar suas aulas, dos mais diversos temas, a estudantes de várias idades, ela perguntou:
– Poderia abrir *O livro dos espíritos* e ler a pergunta 359?
A pergunta feita assim, sem mais delongas, causou estranheza no professor, que ficou olhando para a aluna por alguns segundos antes de puxar o livro que estava no meio da mesa. Abriu-o e rapidamente encontrou a referida pergunta, como se a página já estivesse marcada antecipadamente. Antes de ler, olhou mais uma vez para Marie e, como ela estava impassível, leu lentamente:

> *359. Dado o caso que o nascimento da criança pusesse em perigo a vida da mãe dela, haverá crime em sacrificar-se a primeira para salvar a segunda?*
>
> Preferível é se sacrifique o ser que ainda não existe a sacrificar-se o que já existe.[12]

---

[12] No original:
359. Dans le cas où la vie de la mère serait en danger par la naissance de l'enfant, y a-t-il crime à sacrifier l'enfant pour sauver la mère? Il vaut mieux sacrifier l'être qui n'existe pas à l'être qui existe.

– Qual sua dúvida, minha menina? – perguntou o professor, afetuosamente. O assunto, principalmente considerando o tema da pergunta e resposta que acabara de ler, parecia bastante delicado.

– Se não se incomoda, o senhor poderia ler agora a pergunta 814?

Mais uma vez Chambot chegou rapidamente à página, e a leu com a mesma calma, pausadamente:

814. Por que Deus a uns concedeu as riquezas e o poder, e a outros, a miséria?
Para experimentá-los de modos diferentes. Além disso, como sabeis, essas provas foram escolhidas pelos próprios Espíritos, que nelas, entretanto, sucumbem com frequência.[13]

Ao terminar a leitura, o professor ficou ainda alguns segundos olhando para o texto, como quem refletisse, depois, sem tirar os olhos do livro, falou:

– Por que eu tenho a impressão de que a senhorita já decorou estas respostas e poderia repeti-las sem nenhum tropeço?

Marie respirou profundamente e de olhos fechados, jogando a cabeça para trás. Depois estendeu os braços sobre a mesa e colocou sua testa sobre a madeira, balançando-a negativamente. Sem mudar de posição:

– Sim, sei cada palavra, cada sílaba.

– E por que eu também tenho a impressão de que não é a compreensão do assunto que a incomoda, já que o texto é tão claro? – interrompeu o professor.

---

[13] No original:
814. Pourquoi Dieu a-t-il donné aux uns les richesses et la puissance, et aux autres la misère?
Pour les éprouver chacun d›une manière différente. D›ailleurs, vous le savez, ces épreuves, ce sont les Esprits eux-mêmes qui les ont choisies, et souvent ils y succombent.

– Ah! Meu professor! Tem razão, como sempre. Há um código nestas duas perguntas, mas eu não consigo decifrar, por mais que me esforce – respondeu Marie, levantando a cabeça e o encarando com um olhar sofrido.
– Um código? Poderia me explicar melhor?
– Não, infelizmente. Se eu lhe explicar, estarei traindo uma promessa que fiz a papai.

Chambot ficou olhando para a menina com o cenho contraído, fazendo parecer que suas sobrancelhas se tornavam uma só, e também fazendo com que Marie desviasse os olhos, para não encarar o olhar inquiridor do mestre.

– Por favor – falou, sem olhá-lo –, consegue identificar qualquer vestígio de um código nestas perguntas.

– É melhor a menina ir embora – falou, fechando o livro e o empurrando novamente para o centro da mesa. – Na verdade, nem deveria ter vindo, já que fez uma promessa ao seu pai e, pelo seu estado, sobre um assunto bastante grave.

– Perdoe-me, por favor, pensei que...

– O que é isto? – perguntou o professor, segurando na frente de Marie uma xícara que estava à mesa.

– Uma xícara de porcelana, senhor.

– E a senhorita pode me dizer, olhando para ela, de onde veio o barro da qual foi feita?

– Mais uma vez, perdoe-me por tomar seu tempo – respondeu Marie, entendendo o que queria dizer o mestre.

– Estou muito mais incomodado pelo risco de você quebrar uma promessa que fez do que com meu tempo, afinal, o que é o tempo? Agora deve ir.

Marie ficou em pé e preparava-se para sair, mas relutou. A reação do mestre não deixava nenhuma dúvida quanto à sua integridade, além do mais, quem poderia ajudá-la numa situação como esta? Por isso respirou fundo mais uma vez e tornou a sentar, depois falou, ao perceber que o professor começava a ficar indignado com ela:

– Só o senhor pode nos ajudar! Por favor... se ainda está disposto...
– Se fosse minha filha, eu não gostaria que desrespeitasse o que lhe pedi.
– O assunto é grave, meu amigo, e não tenho ninguém a quem recorrer. Estendo o compromisso que fiz com meu pai ao senhor, assim seremos como uma pessoa só e o segredo ficará conosco.

Chambot sorriu levemente, ciente de que estava sendo enrolado pelas artimanhas mentais da aluna, o que sempre lhe fizera bem. Sabendo que ela não desistiria do que já tinha decidido, sentou-se novamente à mesa e puxou para si *O livro dos espíritos*, depois falou:

– Temos um pouco mais de uma hora antes que o primeiro aluno chegue, então...

Então Marie contou. Contou da primeira sessão, quando o pai recebeu a mensagem escrita. Contou do sósia de Teofille que morrera no hospital e seu corpo desapareceu em seguida; da mensagem que fizera seu pai ter um colapso; do encontro com Teofille em seu quarto e, por fim, contou todos os detalhes da sessão da noite anterior, baseada em sua excelente memória. Contou tudo ordenadamente e rapidamente, sem perder uma palavra, sem esquecer qualquer detalhe que pudesse ter relevância.

– Você ainda será uma excelente advogada, sem dúvida – comentou o professor, algum tempo depois de Marie ter terminado. – Tudo isso aconteceu em tão pouco tempo! Porém, você me contou muitas coisas, tantas que não sei sobre qual assunto veio me pedir ajuda.

– Todos, meu amigo, todos! Porém, o que mais me aflige é esse espírito embusteiro.

– Embusteiro?

– O senhor não acha? Acha possível que Kardec tenha se enganado tanto? O senhor que o defende e divulga?

– O próprio Jesus foi chamado de embusteiro. Allan Kardec, enquanto vivia na matéria, também o foi, e sua doutrina recebe esta alcunha de muitos eruditos. Toda ideia nova tem a máscara do embuste, então não podemos simplesmente julgar sem avaliar. O próprio Kardec proporia isso.
– Então pode ser ele? Oh! Meu Deus!
– Ou pode ser um embusteiro.
– Professor! Quer me enlouquecer?
– Minha filha, só quero que você não julgue antes de analisar friamente. Sei que é capaz disso com naturalidade, mas está por demais envolvida emocionalmente pela situação, por isso perdeu um pouco do discernimento, é natural. Além do mais, o envolvimento emocional com o seu hóspede a deixa com os nervos à flor da pele, não é?
– Sim... quer dizer... como... – Marie atrapalhou-se com as palavras. Tinha sido tão óbvia assim ao falar de Teofille a ponto de o professor notar?
– Oh! Não ruborize! Nada é mais natural do que a paixão na sua idade, e é lindo. Mas também pode gerar alguma confusão quando é preciso discernir, o que também é natural. Quem não sabe o quanto a paixão interfere na nossa capacidade de julgar? – falou Chambot, como se olhasse para um espelho do passado.
– Mas eu não estou apaixonada... somente...
– Somente pensa nele todas as horas em que está acordada e, quando está dormindo, sonha com ele.
– ... não sonho, gostaria, mas não sonho – atalhou Marie, com um sorriso discreto nos lábios e nos olhos, cedendo à argumentação do amigo e entregando-se.
– Bem, já que sua capacidade de discernimento não está completa, vamos pensar juntos. Afinal, como a senhorita mesma disse, viramos uma só pessoa diante deste segredo. Vamos nos concentrar no código.
– Não consigo ver nada, nada, por mais que me esforce.

– Você pode repetir as palavras do suposto Allan Kardec?
– "Por entender e achar justo que o amigo tenha suas desconfianças, vou lhe deixar um pequeno enigma, que, ao decifrá-lo, acreditará com mais facilidade que sou mesmo Kardec. A pergunta 359 de *O livro dos espíritos* pode confirmar que sou eu que lhe falo, enquanto que a 814 lhe lembrará de onde veio o livro que contém a verdade. Adeus! – respondeu Marie, mostrando toda sua capacidade de memória, depois completou: – Já li e reli estas respostas infindáveis vezes.
– Respostas? – perguntou o mestre. – Quem disse que o código está apenas nas respostas. Este suposto Allan Kardec falou: nas perguntas 359 e 814, e não nas respostas 359 e 814, então, vamos nos limitar às perguntas.

Marie olhou-o com alguma estupefação e em seus olhos estava escrito: como não pensei nisso antes? Ah... a paixão! Porém, não teve tempo para filosofar intimamente sobre o motivo de não ter pensado desta maneira, porque o professor começou a ler:

> 359. Dado o caso que o nascimento da criança pusesse em perigo a vida da mãe dela, haverá crime em sacrificar-se a primeira para salvar a segunda?

> 814. Por que Deus a uns concedeu as riquezas e o poder, e a outros, a miséria?"

O professor leu e fechou os olhos, ficando assim um longo minuto, depois olhou novamente para as perguntas por outro longo minuto e, finalmente, olhou para Marie e sorriu.
– O senhor descobriu?
– Oh! Sim, creio que sim. São dois assuntos, não é? Um deles parece ter a resposta bastante evidente, o outro é mais subjetivo, provavelmente ligado a alguma experiência do seu pai no passado.
– Oh! Por favor, conte-me?

– Não, claro que não. Seria leviano da minha parte se lhe contasse agora, sem refletir muito mais profundamente. Dê-me mais tempo.
– Mas...
– Não, por favor, nem mais uma palavra. Sei bem como consegue carregar as palavras de emoção quando quer seduzir alguém das suas necessidades. Não, preciso de mais tempo de reflexão. Volte aqui amanhã e, talvez, eu possa lhe adiantar alguma coisa. Enquanto isso, que seu pai não saiba que esteve aqui por este motivo.

Capítulo 10

Angers, 07 de abril de 1876.

O relógio da sala deu dez batidas e, no mesmo instante, Teofille entrou no quarto do senhor Philippe, juntamente com Marie. Durante o dia haviam combinado mais uma reunião e foi com alguma dificuldade que pai e filha aguardaram, já que Teofille gostava deste horário para trabalhar com seu dom. Havia uma ansiedade mal disfarçada no ar e Teofille podia perceber que estaria sendo avaliado como ainda não havia acontecido naquela casa. Porém, mantinha-se tranquilo, como sempre fora. Mesmo assim, logo que tomou seu lugar, comentou:

– Já sofri objeção de todos os tipos; já duvidaram das minhas faculdades em quase todos os lugares onde estive, mas isso nunca atrapalhou a minha comunicação com os mortos. Por isso, não fiquem assim, incomodados, como estão. Na vida somos julgados constantemente e não me incomodo nem um pouco com o juízo que façam a meu respeito, pois tenho plena convicção da minha faculdade.

– Ora, Teofille... – começou a falar Philippe, tentando se desculpar, pois o hóspede, mais uma vez, havia acertado exatamente dentro do alvo, mas Teofille o interrompeu.

– Não precisa dar explicações, senhor, mas, digo-lhe, haverá aqui uma comunicação real e jamais inventada por minha

cabeça – falou, desta vez olhando para Marie, que ruborizou.
— Quanto à legitimidade do espírito comunicante, caberá ao senhor verificar. Sendo assim, creio que não devemos perder mais tempo, pois já o percebo entre nós.

Ao contrário da noite passada, Marie conseguiu controlar-se com muito mais facilidade e sentiu rapidamente que sua percepção aumentava. Mais uma vez ouviu o ronronar de um gato além da janela, assim como passos na rua, porém desta vez mais distantes. Também ouviu um grito. Um grito demorado e doloroso de uma mulher, que a deixaria aflita e curiosa em outra situação, mas, agora, Teofille acabara de estremecer e respirar fundo.

— É natural que tenha dúvidas, caro Radin – falou o espírito.
— Em seu lugar, e pensando como eu pensava, também teria.
— Digamos que eu não tenha mais nenhuma dúvida – falou Philippe, pensando em tornar aquela conversa mais objetiva e proveitosa possível. – Digamos que eu esteja acreditando naturalmente que é realmente Rivail, o que o amigo me pediria para fazer?
— Sei que já entendeu o significado dos enigmas que deixei. Sei que lembra bem do episódio que colocam as duas perguntas dentro de uma mesma equação de tempo e que seria muito difícil ao médium estar inteirado destes assuntos, sempre tão sigilosos. Mesmo assim, não peço integral confiança em mim sem que tenha mais provas. Vamos, pergunte mais.
— Não preciso perguntar mais, meu amigo. Quero apenas saber o que quer que eu faça, se o aceito como Allan Kardec.
— Mesmo que não estejamos atrelados às condicionantes das leis de causa e efeito ainda, é preciso que a humanidade entenda qual a melhor maneira de viver. Por séculos a religião vem colocando entraves e medos nas nossas jornadas; vem amontoando toneladas de culpas em nossa consciência e isso fará com que o ser humano não aproveite para viver a vida e aprender com ela, como deve ser. Por que tanto medo da felicidade? Por que tanto

medo da liberdade? Sei que nem todos estão preparados para isso, mas, se não começarmos o movimento, jamais ele acontecerá plenamente. Toda caminhada começa com o primeiro passo. Eu, infelizmente, na última jornada dei este passo, mas mudei o caminho em seguida, porque não consegui me livrar das amarras de conceitos tão velhos que estão estabelecidos.

– Ainda não disse o que espera de mim, meu caro – cobrou novamente Philippe.

– Pensei que já estava entendendo, amigo Radin.

– Não, ainda não. Entendo seu posicionamento, suas tristezas e arrependimento. Entendo que a vida espiritual é diferente do que havia ensinado e que há um novo tempo de conhecimentos se aproximando, mas como eu serei o veículo deste novo tempo?

– Precisamos publicar o livro sobre a liberdade. Você sabe qual é o livro e de onde ele veio. Sabe quem o escreveu, com a ajuda dos espíritos.

– Bem sabe, meu amigo, que Henri Bautan não levava uma vida muito correta. Como poderemos conquistar credibilidade, se não teremos credenciais como as suas?

– O fato de ter sido escrito por uma pessoa de vida irregular é mais uma prova de que os espíritos veem a vida por outro prisma daquele que conferi aos meus trabalhos. Será um fator de motivação para a grande maioria das pessoas, que também erram, mas podem sempre produzir algo de bom.

– E qual editor aceitará publicar esse livro, sabendo que contradiz os seus, que estão fazendo sucesso?

– Ora, meu amigo, você tem de sobra aquilo que me faltava, isso não será problema. Tem aquilo que agrada a grande maioria dos editores. Sei que tem reservas bem separadas que fariam muitos editores felizes. Além do mais, as pessoas estão desesperadas por uma ideologia que as livre de tantas amarras, tantas âncoras. A ideologia da liberdade as fará tão felizes que este livro será um sucesso em muito pouco tempo.

– Então o que me cabe é publicar o livro de Henri?
– Assim como não sou o autor de *O livro dos espíritos*, Henri também não é o autor desse livro. Foram os espíritos que os escreveram, porém, eu interpus conceitos meus ao trabalho deles e nem tudo saiu como deveria. Portanto, isso precisa ser corrigido. Mas o principal fundamento do livro de Henri Bautan é a liberdade, então, como eu posso reclamar se você não aceitar este trabalho que lhe proponho? É livre para dizer não.
– E depois de publicado? Ele simplesmente se espalhará sozinho?
– Eu o levarei a conhecer as pessoas certas para que esta obra se espalhe mais rapidamente. Confie em mim. Tudo está em suas mãos, meu caro, tudo o de que precisa, está em suas mãos. Agora, preciso partir, mas voltarei no momento adequado. Adeus!

Depois de uma respiração bem mais longa que as demais, Teofille abriu os olhos e Marie acendeu a luz principal do quarto, voltando para seu lugar e esperando que seu pai falasse, mas ele não falou. Permaneceu longos minutos em silêncio, com os olhos perdidos no vazio e o pensamento voando no passado.

Capítulo 11

Angers, 08 de abril de 1876.

No dia seguinte à reunião, como fizera na véspera, Marie foi à casa do professor Chambot. Era mais uma manhã tomada pela neblina, o que era natural com a aproximação de dias mais quentes, e ela pensava que, como havia incluído o professor no enigma da situação, era justo partilhar com ele não apenas o que fora tratado na nova sessão, mas também a agonia por achar que o pai estava se precipitando. Ela ainda tinha muita dificuldade em aceitar que seu pai embarcasse numa aventura tão insólita, pois não conseguia encontrar a mínima correlação entre o que aprendera nos livros de Kardec com a nova ideia que aquele espírito, que se dizia Kardec, apresentava. Havia tentado argumentar com seu pai, ao final da sessão, mas ele apenas levantara a mão e pedira silêncio, pois queria descansar e refletir. Além disso, mais uma vez recomendou que o assunto não saísse daquele quarto.

Foi assim, com o coração aflito pela decisão do pai, que seu cabriolé parou mais uma vez na frente da casa do professor. Não era tão cedo como no dia anterior, mesmo assim, estranhou que as janelas da casa estivessem todas fechadas. Deixou Pascal no carro e se dirigiu ao lago, nos fundos, mas o professor não estava, como de costume, tampouco atendeu quando bateu na porta. Como não era dia habitual de ter suas aulas, imaginou que o professor tivera que cumprir algum compromisso, mesmo sabendo da resistência que tinha para sair de casa. Assim, para alívio de Pascal, que ficava sempre mais receoso quando saía do dentro da cidade, Marie pediu para voltarem para casa.

Passava das nove horas da manhã, quando o cabriolé de Marie contornou a esquina do *rue Saint Julien* e entrou no *Boulevard de Saumur*. A neblina já havia levantado e, assim, tanto ela quanto Pascal puderam ver que havia um aglomerado de pessoas nas proximidades da casa de Philippe de Barrineau. Ambos também perceberam, no mesmo momento, que aquele agrupamento estava exatamente na porta de casa, e não era pouca gente.

– Santo Deus! Pascal... papai! Alguma coisa aconteceu com ele.

Um leve movimento nas rédeas fez com que o cavalo acelerasse o trote, mas não entrasse em galope, para preservar a segurança de Marie, que estava agora aflita e com quase metade do corpo para fora da cabine. Tão logo Pascal parou, ainda um pouco distante da casa, porque a quantidade de pessoas não lhe permitia ir mais longe, Marie saltou do seu lugar e enfiou-se na multidão, deixando Pascal aflito por não poder segui-la.

Marie empurrou e foi empurrada e, aos trancos, conseguiu se aproximar da escada que levava para a porta principal da casa, mas esta estava protegida por um grupo de soldados, o que a deixou ainda mais assustada. Soldados? Ao tentar subir o primeiro degrau, foi segura pelo braço por um dos soldados:

– Ninguém pode entrar, *mademoiselle*.

– Eu moro nesta casa! Sou filha de Philippe de Barrineau.

O soldado teve um instante de dúvida e relaxou a mão que segurava o braço de Marie. Foi o que bastou para que ela se precipitasse para dentro da casa, porém, logo ao abrir a porta, quase bateu de frente com mais dois guardas que traziam Teofille. Para espanto ainda maior de Marie, Teofille estava com as mãos algemadas.

– Meu Deus! Que loucura é essa? O que está acontecendo aqui? – perguntou, quase gritando.

Os guardas somente pararam porque ela estava na passagem, porém, assim que *madame* Suzette puxou a filha para o lado, continuaram seu caminho. Teofille, por sua vez, manteve seus olhos fixos em Marie e havia uma súplica explícita neles, um pedido de socorro, embora não tenha pronunciado nenhuma palavra. Assim que o grupo desceu pela escada, as muitas pessoas que estavam na rua começaram a gritar:

– Assassino! Assassino!

Os olhos esbugalhados de Marie revelaram para a mãe por onde andava seu pensamento, o que fez com que rapidamente explicasse:

– Calma minha filha, seu pai está bem, embora bastante abalado.

– Mas...

Marie não teve tempo de terminar a pergunta. Os doutores Beaumont e Roquebert apareceram no final do corredor, saindo do escritório que se comunicava com o quarto do pai, no andar de cima da casa. Estavam ali para avaliar a saúde de Philippe e também foram surpreendidos pela ação da polícia. Ao mesmo tempo em que ficou aliviada por saber que o pai esteve bem assistido diante do evidente transtorno que acabara de ocorrer, também não gostou de encontrá-los, pois queria saber através da mãe o que significava aquilo tudo.

– *Mademoiselle* está bem? – perguntou Roquebert, adiantando-se assim que viu a amada platônica.

– Tão bem quanto se pode estar uma pessoa que não tem a mínima ideia do que está acontecendo. Acabei de chegar e encontrei nossa casa assim...

– O que mais importa é que seu pai está bem, minha menina – falou carinhosamente o doutor Beaumont, puxando Roquebert pelo braço e indicando a ele a porta de saída; depois completou: – Creio que, diante dos fatos, a família precisa de um pouco de sossego, mas estamos disponíveis a qualquer momento. Senhora Suzette, não se tolha em nos chamar. Agora vamos ao hospital cuidar da nossa outra paciente, embora saibamos que estará bem nas mãos das freiras.

Tão logo os médicos saíram, Marie virou-se novamente para a mãe, porém, mais uma vez não conseguiu falar. O comissário Grénault, acompanhado de um jovem oficial, apareceu na sala de visitas, cômodo lateral à entrada do corredor onde estavam mãe e filha, e veio na direção das duas.

— Não encontramos nada de relevante no quarto de Filomena, senhora. Desculpe-me pelo inconveniente. Sei que a situação é delicada, por isso não quero causar mais incômodos. Vou acompanhar seu convidado para a delegacia, onde permanecerá sob nossos cuidados. Como a senhora ouviu, a notícia já se espalhou e algumas pessoas do povo sempre são exaltadas. Mesmo diante do que ouvimos aqui hoje, creio que o melhor lugar para ele é mesmo lá. Peço apenas que a família permaneça disposta a prestar qualquer esclarecimento. *Au revoir, madame... mademoiselle...*

O comissário Grénault precisou parar próximo à porta e esperar pelo oficial que o acompanhava. O jovem, bastante jovem, de cabelos loiros espetados sob o quepe e bochechas vermelhas, estava com o olhar paralisado em Marie, como se envolvido em um encantamento. Como a jovem já estivesse acostumada a reações semelhantes, e diante da pressa em entender a situação, estalou os dedos próximo o rosto do jovem e falou:

— *Monsieur... au revoir...*

O jovem teve um estremecimento e, com as bochechas ainda mais vermelhas, acompanhou o comissário, tropeçando no primeiro degrau da escada e quase atropelando o chefe.

— Mamãe... por favor... — falou Marie. No entanto, mais uma vez precisou esperar. Seu pai acabara de aparecer no final do corredor.

— Oh! Por favor, Philippe, aonde pensa que vai? Os médicos ainda não permitiram que se levantasse — contestou *madame* Suzette, vendo o marido já descer vestido para sair.

— Estou bem e não posso ficar parado diante de tudo o que está acontecendo. Teofille é meu convidado, está sendo acusado de um crime e eu sou advogado. Como pode esperar que eu fique deitado em uma cama?

— Crime? – perguntou Marie – Alguém vai me contar o que está acontecendo.

— Posso saber onde a senhorita esteve até agora para não ter ideia do que está acontecendo?

— Fui visitar o professor Chambot, papai.

— Ao amanhecer? Por que...

Philippe não terminou a pergunta e a filha ruborizou. Nem teve tempo para pensar em algum outro motivo para sair de casa tão cedo, por isso apenas falara a verdade e, de pronto, seu pai entendeu o que ela fora fazer na casa do professor.

— O assunto era para ficar entre aquelas quatro paredes, Marie. Você me prometeu.

— Mas, papai...

— Conversaremos quando eu voltar, enquanto isso, não saia de casa – atalhou o pai, saindo apressado e chamando Pascal, que conversava com pessoas que ainda tardavam na rua, querendo saber detalhes do criminoso.

Madame Suzette ainda ficou olhando pela janela e acompanhando o marido, que subiu no mesmo cabriolé que trouxera Marie e partiu em seguida, com o cavalo a passo rápido. As poucas pessoas que ainda rondavam a frente da casa foram se dissipando, até que ficou apenas uma menina, encostada a uma parede, do outro lado da rua.

— Veja, Marie. Lá, do outro lado da rua. Não é a mesma menina que trouxe uma carta para seu pai naquela noite?

Marie olhou rapidamente pela janela e não teve dúvidas em abrir a porta e sair em disparada. Porém, tão logo a menina viu que Marie vinha em sua direção, também correu. A princípio Marie pensou que poderia alcançá-la, por ser mais velha, mas logo percebeu que seria inútil insistir. A menina estava descalça, apesar do frio, e corria como uma lebre, deixando longe a perseguidora.

— Você está louca? Estão todos loucos nesta casa? — gritou a mãe, quando Marie retornou ainda esbaforida.

Era raro Suzette perder o controle, o que assustou a filha. Por saber que a mãe tinha razão, desculpou-se, depois a tomou pela mão e a levou para o grande sofá da sala de visitas, sentando-se ao seu lado. Não falou nada, apenas manteve seus olhos nos da mãe e esperou que esta começasse a falar.

— Filomena foi atacada por um homem a noite passada, próximo daqui. Uma menina ouviu um grito e viu que um homem batia em uma mulher até fazê-la cair. Depois este homem tomou a mulher nos braços e a carregou para longe. A menina, curiosa e assustada, seguiu-os sem ser vista até a beira do Maine e viu quando o homem jogou a mulher na água. A correnteza do rio a levou rapidamente e o homem foi embora. Assim que se viu sozinha, a menina correu pela margem e percebeu que o corpo da mulher estava preso pelo galho de uma árvore que se debruçava sobre a água. Desesperada ela correu pelas ruas gritando, pedindo ajuda, o que assustou pescadores que moravam próximos dali. Eles conseguiram resgatar a mulher e logo viram que ela ainda estava viva. Graças a Deus, Filomena vive! Foi o próprio doutor Roquebert quem a atendeu. Agora ela está sedada, para dormir enquanto se recupera.

— Meu Deus! Filomena! Mas por que ela estava na rua? A que horas foi isso?

— Passava um pouco das dez horas.

— O grito! Eu ouvi um grito de mulher enquanto nos preparávamos para a sessão, mas Teofille estava conosco, como podem acusá-lo dessa barbárie? Quem disse que foi ele?

— A menina contou aos pescadores que viu o ataque perto daqui e que sabia quem era o homem. Disse que era o homem que estava hospedado na nossa casa, porque já o vira saindo e entrando daqui algumas vezes. Parece que o nosso convidado

já ficou famoso, minha filha, mesmo entre as classes menos abastadas.
— Mas ele estava conosco, mamãe. — Eu e papai somos testemunhas de que, na hora em que isto aconteceu, Teofille estava no quarto recebendo o espírito de... de...
— Não importa o que ele estava fazendo, mas sim que estava com vocês. Explicamos isso ao comissário e seu pai já se prontificou a testemunhar a favor de Teofille.
— E onde está a menina que viu tudo? De quem ela é filha? Onde mora?
— Não sabemos, minha querida. Na confusão que se formou com a chegada da polícia na margem do rio, ela desapareceu. Os pescadores não a conhecem.
— Se fosse Teofille, seria fácil encontrar vestígios. Ele teria alguma marca, ou mesmo teria botas com lama, ou roupas molhadas. A margem do Maine sempre é lamacenta.
— Foi o que o comissário fez quando chegou. Com a permissão de Philippe, investigou o quarto de Teofille e nada encontrou. Fez o mesmo no quarto de Filomena, na casa de Alphonse...
— É claro que esta menina se enganou, ou está mentindo. Pode ser alguém parecido... alguém parecido... — Marie repetiu as últimas palavras quase que para si mesma.
— Alguém parecido? Por Deus! — falou *madame* Suzette.
— O sósia! Eu o vi morto no hospital e depois sumiu. Agora alguém o viu atacando Filomena, mas o que Filomena faria fora de casa tão tarde? Ela a avisou que sairia, que tinha algum compromisso?
— Não, e estamos todos curiosos para saber, mas ela só nos dirá quando acordar. Queira Deus que acorde! O comissário Grénault também está ansioso para interrogá-la. Creio que Teofille ficará preso até que ela acorde, então só podemos esperar, Marie.

Capítulo 12

Angers, julho de 1859 (dezessete anos antes).

Aos olhos do senhor Denis de Barrineau, custara muito caro o curso de direito do filho, Philippe, em Paris. Sabia que este havia se perdido no caminho, mas, a princípio, imaginava que se deixara levar pelo mundanismo, o que era comum aos jovens abastados que seguiam para a capital completar seus estudos. Somente quando o filho estava para retornar foi que soube dos verdadeiros motivos que o levaram a atrasar em mais de dois anos a volta para casa. Dois anos de atraso e despesas, para um comerciante que controlava até os centavos de sua economia, foram devastadores. Porém, por fim, acabara de voltar como advogado e havia muito trabalho, o que justificaria o investimento. Estava cansado de pagar a outros advogados para desembaraçá-lo de tantos problemas que seus gabarres causavam, em várias cidades do Loire e afluentes.

No fundo, o senhor Denis preferia que tivesse sido o mundanismo habitual dos jovens que levara seu filho a perder-se, e chegou a ficar decepcionado ao saber da verdade, contada pelo próprio filho, quando entendeu que deveria controlar melhor sua vida. Ele mesmo havia tido uma juventude devastadora e somente o olhos azuis de Heloise, a mãe de Philippe, sossegaram seu furor. Então, havia tido paciência com a demora do filho, mas não sabia o quanto a sociedade estava em polvorosa com o fenômeno das mesas girantes, especialmente a sociedade parisiense, onde todo modismo sempre era mais explosivo.

Foram nestas reuniões que se iniciou o desvio do caminho do jovem Philippe de Barrineau, fazendo-o afundar-se em dívidas, porque também o vinho e o champanhe escorriam céleres pelas taças em suas mãos, todas as noites. Philippe era amante da noite, um *bon vivant* galanteador que sempre encontrava, nas altas rodas sociais, jovens interessadas em saber mais sobre o fenômeno do qual já se fizera especialista. Conhecia muito de perto as principais médiuns da época, bem como seus tutores e aqueles que entendiam que o assunto merecia um estudo mais completo, como foi o caso do senhor Rivail.

Assim, entre os salões e jantares românticos, entre longas noitadas discutindo os novos fenômenos, regadas a vinhos de rótulos caros, o tempo passou e o dinheiro do senhor Denis foi consumido. Até este era grato a Allan Kardec, por ter conseguido ditar disciplina na vida do filho. "Você precisa ser um pouco mais avarento", dizia Kardec, mestre dos números, quando se prontificou em organizar a vida econômica do jovem Philippe, já que o pai havia diminuído significativamente o tanto de dinheiro que lhe mandava. Foi a ajuda de Kardec que o fez voltar ao caminho e completar seu curso, porém, não apenas a ajuda contábil, mas também a orientação intelectual. Philippe era amigo de algumas pessoas que viam a nova fenomenologia espírita por um prisma muito particular, dando livre interpretação a tudo o que vinha do plano espiritual. Não fora apenas Kardec quem usara de médiuns para avançar seus conhecimentos adentro do mundo espiritual, obviamente. Outros também o fizeram, antes mesmo de Kardec se interessar pelo assunto. Os amigos de Philippe haviam se tornado comensais à sua volta e, para defender o *status* estabelecido, o incentivaram a acreditar em uma teoria muito interessante sobre o mundo espiritual e suas vinculações com o mundo físico, na qual os prazeres materiais eram tidos como um caminho para o êxtase espiritual.

Foram estes amigos que mais souberam se aproveitar da carteira sempre abastada de Philippe e quase o levaram à falência, principalmente Henri Bautan, que, além de conhecer bastante a fenomenologia mediúnica, também tinha uma verve fluente e encantadora. Henri era mais velho que Philippe e muito bem relacionado com políticos, dado a importância de sua família em Moulins, no Allier, a cidade dos duques de Bourbon. Contara que viera a Paris depois de sofrer uma decepção amorosa para se aprimorar em pedagogia, o que o fizera conhecido no meio acadêmico e abrira ainda mais as portas para viver como assessor, ou mesmo secretário, de vários homens públicos influentes. Havia sido um entusiasta seguidor de Mesmer, aprendido a magnetizar e, agora, mantinha seu entusiasmo com as verdades trazidas pelos médiuns, que o próprio magnetismo de Mesmer colocara em evidência. Fora Henri que apresentara a Philippe a jovem médium Françoise Duncert, através da qual mantinha contato com várias entidades que a ele passavam seus conhecimentos sobre a espiritualidade. Philippe acabou por se envolver com Françoise além das comunicações mediúnicas e teve com ela um romance tórrido, porque a passionalidade da moça fora causa de várias situações delicadas.

Philippe também ficara amigo de outros entusiastas da nova fenomenologia, como Saint-Renné Taillandier e Victorien Sardou,[14] mas estes estavam mais preocupados com estudos sérios através da mediunidade do que sorver de sua carteira.

---

[14] Juntamente com Friedrich Tiedman e Pierre-Paul Didier, produziram cinquenta cadernos de registros de comunicações dadas por espíritos e, cientes da capacidade didática e organizacional de Hippolyte Léon Denizard Rivail, pediram a ele que transformasse o material colhido em um livro. O professor Rivail analisou cada um deles com critério e acabou recusando-os, porém, alguns dias depois recebeu uma mensagem mediúnica pedindo para realizar a tarefa. O material colhido pelos quatro amigos, através do discernimento do professor Rivail, ajudou sobremaneira na composição de *O livro dos espíritos*. (Nota do autor, baseado no livro *Allan Kardec e sua época*, de Jean Prieur, publicado pela editora Lachatre.)

Somente a palavra firme e a severa disciplina de Kardec diante dos conhecimentos espirituais foram capazes de fazer Philippe completar o desejo do pai, e assim retornou a Angers como advogado, em julho de 1859, enquanto Kardec, em Paris, se envolvia cada vez mais com a doutrina por ele organizada. Depois de publicar por conta própria *O livro dos espíritos*, havia levado a público a *Revista Espírita*, bem como fundado a Sociedade Parisiense de Estudos Espíritas, o que tomava quase todo seu tempo.

– Temos sérios problemas na nossa rota mercante, meu filho – falou subitamente o pai de Philippe, interrompendo o jantar. – Muitos compram e depois recusam as cargas; muitos regateiam até o limite da perenidade dos produtos, pensando em obter preços ínfimos; muitos não são fiéis aos prazos e ainda alguns simplesmente deixam de pagar. Como você sabe, as quebras de contrato precisam ser tratadas por um advogado e agora tenho um sob meu teto para salvar a Compagnie de Navegation la Carpe d'Or dos abutres que tentam afundar seus barcos.

O senhor Denis terminou de falar olhando para além da janela, onde o sol do dia de verão começava a se debruçar sobre a terra para trazer a noite, e espalhava pelo Maine uma aura dourada.

– Estou aqui para lhe servir, meu pai – falou Philippe.

– Sim, eu sei, e por isso partirá em dois dias com um dos meus gabarres. Começará por Saumur, depois Langeais, Tours, Amboise e Blois. Depois de Blois estenderá sua viagem até Moulins, para finalizar a compra de uma pequena empresa de navegação. Tem o tempo que for preciso para isso, mas espero que não se demore mais do que o necessário. Os documentos e contratos estão separados em ordem de cidades sobre a mesa do meu escritório.

Philippe ficou olhando para o pai um tanto incrédulo. De Angers a Blois, pelo rio, seria uma viagem de cerca de cento e oitenta quilômetros e, considerando que as gabarres nunca foram famosas pela comodidade, sabia bem o que o esperava. Depois de Blois ainda precisaria ir até Moulins, ou seja, se fosse pelo rio, seriam mais trezentos quilômetros. Pensava que trataria de assuntos da companhia em Angers, ou mesmo que viajaria, mas em outras condições. Porém, diante da tamanha dívida que tinha para com o pai, o que poderia fazer, além de cumprir suas ordens? Além do mais, estava ciente de que, agora, como advogado, só receberia o dinheiro que ganhasse com seu trabalho, por isso não podia nem pensar em questionar pelo fato de ficar mais de trinta dias fora de casa, provavelmente. Logo agora que a paixão por Suzette explodia em seu peito, a ponto de pensarem em casar o mais rapidamente possível. Havia conhecido a jovem nas últimas férias que esteve na cidade, no começo do ano, o que tornou seus derradeiros meses em Paris uma luta para controlar a ansiedade por revê-la. A paixão aflorara em seu peito de uma forma que jamais imaginara ser possível, já que sempre fora tão frio nos seus relacionamentos. Como a situação familiar de sua amada era bastante delicada, pensava em resolver o problema o mais rapidamente possível, adiantando o casamento para o dia seguinte, se isso fosse possível.

– Quero ficar noivo antes de partir. Enquanto viajo, correm as proclamas do casamento. Quando eu voltar, poderemos nos casar e faremos um sarau discreto em nossa casa para os convidados – falou Philippe à sua amada, ainda naquela noite.

A família de Suzette era de Chinon, cidade que se chegava subindo pelo Loire e entrando pelo Indre, e distava cerca de sessenta quilômetros. Porém, no final do ano anterior, devido à morte da mãe, Suzette viera passar uma temporada com a tia, que morava em Angers. Como a saúde da tia não era das melhores foi em uma botica, buscando remédios, seu primeiro encontro com Philippe, totalmente casual. A casualidade se repetiu mais algumas vezes naquele mesmo verão e, se fosse por Philippe, já estariam casados. O pai de Suzette, embora parecesse bastante abalado com a morte da esposa, em poucos meses já anunciara sua intenção de não permanecer viúvo, o que deixou a filha bastante desconfiada de que ele tivesse uma amante desde antes da morte da mãe. Assim, tudo conspirava para que a união dela e Philippe não tardasse.

– Oh! Meu amado, ainda não estou em condições de dar uma festa. Além do mais, eu sei que seu pai nunca mais recebeu convidados desde que ficou viúvo. Seu pai é muito diferente do meu, felizmente.

– Seria uma ótima oportunidade para se devolver um pouco de alegria para nossa casa. Minha mãe adorava receber os amigos e sei que aprovaria nossa união. Mas entendo o que me pede. Faremos então uma reunião apenas com as pessoas mais próximas, sem alardes. Quando a sociedade souber, já estaremos casados. Será que seu pai pode ser contra?

Suzette entendia que seu pai a queria fora de casa, por isso apenas sorriu docemente. Seus cabelos negros um pouco cacheados, os olhos também negros e profundos contrastavam com a pele branca ou levemente rosada do rosto, o que seduzia o galanteador Philippe, agora realmente apaixonado.

– Então que seja para um número mínimo de pessoas, tanto o noivado, quanto o casamento. Creio que seu pai achará melhor – respondeu a futura noiva.

– Meu pai achará melhor os filhos que lhe daremos em breve e alegrará sua vida. Amanhã à noite reuniremos apenas a família para nosso noivado, assim meu coração suportará melhor esta viagem tão desgastante – falou Philippe, desculpando-se em seguida pelo fato de ter que ir embora mais cedo, já que tinha tantos documentos para ler.

O noivado contou apenas com poucos amigos do pai do noivo, já que a maioria dos amigos de Philippe estava em Paris, além da tia e do pai da noiva, que não quiseram convidar mais ninguém. Assim, os dois dias que o advogado teve foram ainda mais exíguos diante de tantos processos comerciais que o pai destinara para que ele estudasse antes de partir, o que fez numa manhã em que o rio amanhecera coberto de neblina. O barco desceu o rio lentamente, devido à quase ausência de ventos. A maior gabarre de seu pai partia do porto carregada de sementes de mostarda e trigo, e desceria o Maine em direção ao Loire, depois tomaria à esquerda, indo à montante para nordeste. O nome da gabarre era Françoise e a coincidência o incomodou. Em outra época seria uma boa lembrança daquela linda jovem que deixou em Paris, mas, agora, com o coração ocupado por Suzette, a lembrança o constrangia.

Estivera com Françoise Duncert no último *réveillon* que passara ainda em Paris, um dia antes de voltar para Angers e transformar aqueles flertes e encontros casuais com Suzette em paixão e compromisso. O encontro que teve com ela depois, no começo de março, foi um tanto constrangedor, pois, quando Philippe anunciou que queria findar o relacionamento, que nunca chegara a ser oficial, a moça ficou muito indignada.

Embora outra paixão o dominasse agora, ou mesmo um amor verdadeiro, foi pensando em Françoise e sua indignação que ele partiu de Angers, tentando se acomodar como podia na pequena cabine, já que quase todo barco era destinado exclusivamente às cargas.

Capítulo 13

Moulins, julho de 1859.

No final de duas semanas de trabalho exaustivo, já que o tempo que tinha em cada porto era somente aquele que se espremia entre a descarga e a carga de produtos, chegara a Blois, onde se despediria do Françoise. Dali para frente iria em barcos ainda menores, mas poderia dormir em hotéis nas cidades onde tinha assuntos a resolver. Poderia usar carruagens e fazer um caminho mais reto por estradas até Moulins, mas decidira ir pelo rio e surpreender o pai fazendo uma severa fiscalização em todos os escritórios da companhia, já que este fora irredutível sobre a necessidade de o filho conhecer os problemas muito de perto.

Depois de ficar em hospedarias aquém de razoáveis em várias cidades, hospedou-se, finalmente, no *Hôtel de Paris*, em Moulins, a linda cidade dos duques de Bourbon, de onde viera seu amigo Henri Bautan e onde pôde tomar um verdadeiro banho, sentindo-se novamente uma pessoa civilizada.

Philippe havia marcado para aquela noite, no restaurante do hotel, um jantar com *monsieur* Brenard, dono da *Héron Blanc*,[15] a pequena companhia de navegação que seu pai queria comprar, mas desconfiara que seus advogados estavam atravessan-

---
[15] Garça Branca

do a negociação e sobrefaturando os valores. Em toda viagem, Philippe descobrira que os advogados que trabalhavam para a companhia haviam sido relapsos e ele, mesmo sendo um novato, podia ver com facilidade onde estavam os erros que geravam tantas perdas ao pai. Por isso não teve surpresa ao descobrir que, em Moulins, estes advogados estavam enganando o pai antes mesmo de encontrar *monsieur* Brenard. Ficara claro para ele, no decorrer da viagem, que, quanto mais problemas, mais os advogados ganhavam, e assim juntavam-se a comerciantes num nefasto conúbio de corrupção e troca de 'gentilezas'.

Monsieur Brenard estava eufórico durante o jantar, não apenas por saber que a negociação correria com facilidade, mas também por outro motivo especial, que não demorou a contar a Philippe.

– O jovem sabe que, amanhã, teremos uma palestra espetacular, aqui mesmo neste salão?

– Uma palestra? Quase todas as palestras costumam ser enfadonhas – falou Philippe, com alguma jocosidade. – Como esta pode ser espetacular?

– Ainda não ouviu falar em quem chegará amanhã na cidade? Todos falam sobre isso! A não ser que o senhor não se interesse pela vida dos espíritos... – falou o senhor Brenard, de forma reticenciosa, percebendo um arquear nas sobrancelhas de Philippe.

Philippe olhou de canto para o senhor Brenard. Muito embora a laicidade francesa, as correntes espiritualistas costumavam ter tanto defensores quanto opositores ferrenhos, por isso, sempre que o assunto tendia para este campo, procurava caminhar com muita cautela.

– Tenho curiosidade por muitos assuntos, senhor Brenard, pois sou advogado. Tudo que existe me é interessante, mas quem é este amigo que virá dar uma palestra?

– Ora, o próprio Allan Kardec! Toda a sociedade local está falando nisso e mesmo os temerosos comparecerão para ouvir falar sobre a doutrina dos espíritos. Veja que o convite foi feito por Claude Bortelet, o prefeito, que é um incentivador destas ideias... assim como eu.

– Ah! Então o senhor também se interessa?

– Já perdi a conta de quantas vezes li *O livro dos espíritos*. É um livro maravilhoso!

Durante o restante do jantar, os assuntos comerciais cederam aos espiritistas e Philippe ficou feliz por saber que poderia encontrar o velho amigo e conselheiro. Que grande surpresa Moulins lhe reservara! Porém, o dia seguinte fora de mais trabalho do que imaginara para conseguir organizar todos os documentos da *Héron Blanc*, por isso só retornou ao hotel minutos antes da hora marcada para a palestra, sendo que não teve nem tempo de subir ao quarto, indo diretamente para o grande salão, onde o palestrante já começava a falar. Nos últimos meses em Paris, não tivera mais contato com o amigo, que também tinha uma rotina de trabalho exaustiva e, como precisava concluir o curso, não o via há mais de seis meses. Lamentara muito não tê-lo encontrado quando se despedia de Paris, pois Kardec estava por demais envolvido com a divulgação da nova doutrina.

Todas as mesas estavam cheias e cadeiras foram colocadas em filas ao redor do salão, circundando por trás das mesas. Foi no canto mais recôndito que Philippe encontrou uma cadeira vazia, onde mal podia ver seu grande amigo Era fácil perceber a emoção da plateia pela presença do já famoso precursor de uma nova doutrina.

Philippe estranhou que a voz de Kardec, embora dominasse todo o ambiente, estava mais rouca do que o habitual, mas ouvira falar que o amigo vinha de cidade em cidade divulgando a doutrina dos espíritos, por isso apenas imaginou que deveria estar bastante cansado. Porém, o tema abordado por Kardec incomodou mais a Philippe do que sua voz rouca. Ele falava sobre as alegrias do presente e as do futuro de uma maneira que jamais o ouvira. Parecia mesmo dar mais valor ao bem estar do presente, mesmo que fosse preciso não ser tão fiel às leis de ação e reação. Ele, antes tão severo quanto ao que era correto, parecia ter relaxado o seu discurso e isso fez com que Philippe ficasse ainda mais curioso em conversar com Kardec, afinal, esta linha de pensamento era bem mais semelhante com a que ele mesmo defendia quando morava em Paris, antes de conhecer o mestre. Mesmo que Philippe não tenha aprofundado devidamente o conhecimento espírita, como tanto queria Kardec, ficando sempre mais na superfície, ou nos aspectos mais espetaculares da nova ideia, era fácil para ele perceber que havia significativas mudanças no que o mestre falava.

Ao fim da palestra, a plateia aplaudiu com vigor. O homem ao lado de Philippe parecia ser o mais entusiasmado. Mantivera o olhar fixo no palestrante desde o início e, agora, quase em êxtase, falou, olhando para Philippe:

– Bravo! Espetacular! Valeu cada centavo do que cobrou... e olha que não foi pouco.

– É mesmo? Kardec está cobrando caro por suas palestras? Como o senhor sabe que ele cobrou caro?

– Por que sou Claude Bortelet, o prefeito da cidade, e fui eu quem o contratou. Preferi ficar aqui, distante, para que meus inimigos políticos não queiram enredar o assunto para outro campo.

Tão logo terminou de falar, um homem baixo e gordo puxou o prefeito pela mão e Philippe ficou sozinho no fundo do salão. Todos se aglomeravam agora ao redor de Kardec, como se fosse uma estrela da ópera. Sabia que *O livro dos espíritos* estava se espalhando com velocidade não esperada pelo próprio Kardec, mas não imaginava que já tivesse tanto público mesmo em cidades mais distantes de Paris, como o caso de Moulins.

Não era assim que esperava reencontrar o amigo, embora estivesse contente com seu sucesso, tão notório que foi necessário estabelecer-se uma fila para que as pessoas pudessem trocar algumas palavras com ele. Philippe foi o último da fila e, quando se aproximou do palestrante, somente um pequeno grupo de pessoas o cercava. Ciente de que o amigo ficaria surpreso com sua presença, manteve uma pequena distância, esperando para ver qual reação Kardec teria. Não demorou para que os olhos dos dois se cruzassem, com uma leve parada onde se fixaram, mas, em seguida, Kardec desviou o olhar, como se não o tivesse reconhecido. "Ora!", pensou Philippe, "ele jamais suporia encontrar-me aqui". Por isso, aproximou-se mais até parar na sua frente. Então Kardec olhou-o novamente, mas não houve nenhuma reação e, assim que Philippe estendeu a mão para encontrar a mão que era estendida para ele, num gesto mecânico, entendeu o que significavam aquelas pequenas surpresas que vinha encontrando desde que entrara no salão.

Kardec apertava sua mão com um sorriso no rosto e um olhar curioso, como se esperasse alguma apresentação. Apresentação? Sim, Kardec esperava que Philippe se apresentasse, porque não era Kardec. Apesar de existir a aparência física, aquele não era Hippolyte Léon Denizard Rivail, mas sim um impostor.

Capítulo 14

Angers, 07 de abril de 1876.

— Kardec estudou exaustivamente cada linha de tudo que escreveu — falou Teofille, depois de uma breve reflexão, como se escolhesse as melhores palavras para poder ser claro e objetivo. — Submeteu todas as informações ao extremo rigor do método, o que lhe era habitual, usando unicamente a razão como filtro, sem nenhuma chance ao corriqueiro, frívolo ou passional. Duvido que possa haver qualquer erro nos seus textos.

— Mas o que o senhor disse em nossa casa muda tudo — falou Marie, um tanto exasperada.

— Eu disse? O que 'eu' disse, *mademoiselle*? — perguntou Teofille, enfatizando o pronome e virando as palmas das mãos para cima, sobre a mesa onde repousavam, unidas por algemas. A corrente que ligava os pulsos fez um barulho áspero, que arranhou na alma de Marie.

Por mais que o senhor Philippe, e mesmo ela, tenham testemunhado sobre a presença do hóspede diante deles no exato momento da tentativa de assassinato, o comissário Grènault achava mais prudente mantê-lo na *maison d'arrêt d'Angers*[16] até que Filomena estivesse em condições de dar seu próprio

---
[16] Casa de detenção de Angers.

testemunho, o que causou alguma irritação no ilustre advogado, bastante amigo do comissário.
– O senhor não é perigoso, por que está usando isso? – perguntou Marie.
– Na minha cela eu não as uso – respondeu. – Mas, fora dela, é a lei.
– Isso logo vai acabar. Logo Filomena vai inocentá-lo.

Teofille apenas sorriu brevemente, e o coração de Marie quase pulou para fora do corpo, mais uma vez. Seu sorriso já era triste antes, agora, nestas condições, ela podia ver lágrimas em seu rosto, mesmo que não existissem.

– "Não posso acreditar que você, caro Carlotti, passou a se interessar por contos medievais absurdos" – falou Teofille, olhando para as mãos.

– O quê? – perguntou Marie, sem entender nada do que disse o amigo, que novamente sorriu triste, e respondeu:

– Foi o que disse Kardec ao seu amigo Carlotti,[17] quando este lhe contou do espírito Charles B. Rosma. Sabe quem é Charles B. Rosma?

– O espírito que se comunicava com Kate, Leah e Maggie, as irmãs Fox, em Hydesville – respondeu Marie, sempre demonstrando que era uma ávida estudiosa do assunto. – Mas, como pode saber o que o senhor Kardec falou?

– É uma história conhecida. Além do mais, conheço muitos estudiosos que foram amigos dele. É uma pena não tê-lo conhecido pessoalmente. Mas ele não acreditava que os mortos poderiam se comunicar com os vivos. Foi um longo caminho até que surgisse *O livro dos espíritos*; um longo caminho de dúvidas, perguntas e racionalização. Enquanto Kardec fazia perguntas aos espíritos que se comunicavam através de suas

[17] Carlotti era um corso entusiasta das manifestações através da mediunidade à época das mesas girantes. Amigo de longa data de Kardec, foi quem contou sobre as irmãs Fox, antes da transformação do professor Rivail em Allan Kardec. (Nota do autor, baseado no livro *Allan Kardec e sua época*, de Jean Prieur, publicado pela editora Lachatre.)

médiuns,[18] quatro amigos se reuniam com o mesmo propósito e compilavam um longo documento composto de cinquenta cadernos de comunicações...
– Friedrich Tiedemann, Saint-Renné Taillandier, Pierre-Paul Didier e o jovem médium e ator, Victorien Sardou – falou Marie, interrompendo Teofille, que ficou olhando-a com admiração. Nem ele imaginava que o conhecimento daquela menina poderia ir tão longe.
– Isso mesmo. Os cinquenta cadernos que produziram continham uma quantidade imensa de comunicações. Todos os quatro consideraram que o senhor Rivail era a pessoa mais indicada para estudar estes cadernos e produzir uma única obra, exatamente devido ao seu racionalismo e capacidade didática, já demonstrada em vários outros trabalhos pedagógicos publicados, que imagino que a senhorita conheça.
– Já os li todos, senhor, e são excelentes, sem dúvida. Também não tenho dúvida nenhuma de que o senhor Kardec, embora tenha recusado inicialmente a proposta dos quatro amigos, voltou atrás e fez um trabalho memorável. Os cinquenta cadernos e as perguntas que fez aos espíritos diretamente o levaram a produzir *O livro dos espíritos*. O que ainda não consegui entender é porque o senhor está falando sobre a vida do mestre lionês. Quer me dizer que não acredita na própria comunicação que deu?
– Não tenho nenhuma dúvida quanto isso, Marie – falou Teofille, olhando a menina nos olhos, dispensando a formalidade e causando evidente abalo. – Porém, como não conheci o senhor Kardec pessoalmente, não tenho como saber se é ele mesmo quem está se comunicando.
– Oh! Mas...
– Não tenho como controlar isso. Estou acostumado com espíritos legítimos, quer dizer, não tenho dúvidas quanto a

---

[18] Julie Baudin, Caroline Baudin, Ruth Japhet e Aline Carlloti, as médiuns de Allan Kardec. Alguns estudiosos do espiritismo supõem que Ruth Japhet seja uma encarnação anterior de Chico Xavier (Nota do autor)

Luiz XVI ou Maria Antonieta, tampouco Rosseau, Mesmer, ou tantos outros...

– Mas também não os conheceu pessoalmente, o que seria impossível.

A observação de Marie causou um rápido desconforto no médium, como se tivesse ficado momentaneamente sem argumentos. Depois de alguns segundos, respondeu:

– Assim como Kardec, ou as médiuns que o ajudaram, não conheciam Santo Agostinho ou outros. Apenas quis dizer que, se o tivesse conhecido pessoalmente, seria mais fácil lhe dar uma resposta.

– Mas, se não acredita que é Kardec, porque é porta-voz desse embusteiro? Por que transmitiu ao meu pai estas ideias permissivas? E como ele poderia saber coisas íntimas do meu pai, como seu apelido? Quem é este Henri Bautan, o autor deste livro?

– Oh! Senhorita Marie, não tenho tantas respostas! Sou apenas um intermediário que procura ser fiel aos princípios do bem. Algumas pessoas me acusam de charlatanismo, de viver do meu dom, mas não sou desonesto e isso me faz pensar que o problema sobre a credulidade, numa situação como esta, cabe menos a mim do que a quem recebe a mensagem. Vivo de uma pequena renda vinda de uma herança, por isso não cobro pelas minhas apresentações, embora receba presentes como este que seu pai me dá, oferecendo-me pousada. Nunca usei de subterfúgios, como Daniel Dunglas Home,[19] o médium que, com seus truques, enganou o próprio imperador Napoleão III e a imperatriz Eugênia.

---

[19] Daniel Dunglas Home (20 de março de 1833 – 21 de junho de 1886), foi um dos médiuns mais espetaculares conhecidos. Os fenômenos anímicos e mediúnicos que produzia o levou a ser estudado por inúmeros cientistas respeitáveis, como sir William Crookes e Alexandre Aksacof, que atestaram a legitimidade dos fenômenos em diversas ocasiões. Levitação, clarividência, psicofonia, voz direta, efeitos físicos, materialização, eram habituais em suas apresentações. Obviamente teve inúmeros opositores e foi bastante atacado, gerando grande antipatia e controvérsias em diversos meios. Como chamou a atenção do próprio Kardec, é interessante ao leitor

– Perdoe-me... – falou Marie, constrangida com a reação de Teofille, que nunca havia falado tanto, demonstrando que ela tocara em um assunto bastante delicado.
– Não queria constrangê-lo além do que já está passando...
– Não tem dúvida da minha inocência?
– Oh! Claro que não! O senhor estava na minha frente naquele momento.
– E se não fosse eu quem estivesse ali? E se fosse meu sósia? Ou se fosse um fenômeno de bicorporeidade? E se tudo isso for uma armadilha, uma vingança?
– Meu Deus! Por que está falando isso?
– São dúvidas que já passaram pela sua mente, ou não?

Marie tentou disfarçar estupefação e achou que havia conseguido. Um tremor percorreu seu corpo, ou mais ainda sua alma, porque ela realmente havia conjecturado estas hipóteses e entendia agora que não havia como esconder nem os pensamentos do médium, quanto mais os sentimentos.

– Mesmo que me conheça há pouco tempo, o senhor já deve saber que analiso todas as possibilidades. É a minha maneira de pensar e agir.

– E por isso está aqui, me sondando... interrogando...

– Não só isso, *monsieur*. Vim para demonstrar minha solidariedade e por estar preocupada com sua situação. Queria saber como o senhor estava, apenas aproveitei o tempo que o comissário nos deu para fazer algumas perguntas e tentar entender um pouco de tudo o que está acontecendo. Por falar nisso, o que acha que aconteceu com Filomena? O senhor notou alguma coisa que possa desvendar este mistério?

– Gostaria de ter notado, para ajudar na minha defesa, porém, foi uma grande surpresa também para mim... embora tenha uma suspeita...

---

que ainda não o conhece procurar algumas informações, já que há uma farta documentação a seu respeito e seu nome é fácil de ser procurado nos modernos mecanismos de pesquisas online. (Nota do autor)

– Uma suspeita? – perguntou Marie, já um pouco aflita, diante das reticências do médium.

– Por ser uma suspeita muito sutil, seria leviano de minha parte conjecturar, mas...

– ... mas?

– Pergunte a Pascal.

– Perguntar o quê a Pascal?

– O que ele sabe sobre este assunto.

Marie não teve tempo de fazer as dezenas de perguntas que surgiam como uma avalanche em sua mente. O mesmo oficial que acompanhara o comissário a sua casa, e que havia ficado perturbado com a beleza da jovem, abrira a porta e, gaguejando, avisara que o tempo havia acabado.

Capítulo 15

Moulins, julho de 1859.

Philippe de Barrineau já havia caminhado até o rio Allier logo que o dia amanhecera e, agora, retornava para o *Hôtel de Paris*, onde o senhor Claude Bortelet, o prefeito, o aguardava para juntos tomarem o café da manhã. Tão logo desceu do seu quarto, pediu na portaria pelo serviço de mensagens e entregou a um jovem com ares voluntariosos uma carta lacrada, endereçada ao prefeito. Por isso, sabia que este o estaria aguardando, e chegava ao hotel com a mente arejada pela brisa fresca que corria pelo Allier, afluente do Loire, naquela manhã que prenunciava um dia quente.

Philippe agradeceu a presença do prefeito e não notou nele nenhuma ansiedade por saber o motivo do convite, já que na carta, além de dizer quem era, o advogado apenas avisara que era um assunto por demais importante. O prefeito tinha perto dos cinquenta anos e era um homem alto e robusto, com um grande tórax sustentando um rosto quadrado e bem barbeado, com olhos perquiridores e cabelos bem aparados. Vestia-se com esmero e apoiava-se numa bengala de cabo ricamente ornado, que o ajudava a sustentar o lado esquerdo do corpo, já que sua perna esquerda não parecia comportar-se tão bem quanto a direita, o que poderia ser resultado de algum ferimento. Os dois alimentaram-se calmamente e não demorou para que o assunto chegasse no palestrante da noite anterior. Diante do entusiasmo do prefeito, Philippe manteve a serenidade e apenas perguntou:

– O senhor já leu *O livro dos espíritos*?

– Ora, mas é claro que sim! Várias vezes, por sinal.

– E não achou estranha a abordagem que o nosso palestrante fez sobre as relações de causa e efeito que definem o destino de todos nós?

– Já havíamos conversado sobre isso antes da palestra e meu convidado informou-me que o livro ainda é muito recente, apenas dois anos, sendo que nas novas edições acontecerão correções. Ele já está conosco há alguns dias e estou muito feliz com a possibilidade de ajudar no movimento. Embora inicialmente ele tenha dispensado minha ajuda financeira, está quase acertado que o ajudarei para as novas edições. Creio que nosso mestre entendeu que faço isso sem pensar em qualquer promoção pessoal...

– Ah! Sim, certamente! Eu não sabia que ele já está aqui há alguns dias. O senhor Brenard me informou que ele chegaria no dia da palestra.

– Mantivemos nosso convidado escondido para que pudesse descansar. Estava já em minha casa, ele e a jovem médium que o acompanha, *mademoiselle* Charlote, que, por sinal, embora esteja grávida, não nos furtou de demonstrar a excelência de sua mediunidade. Tivemos algumas sessões espetaculares!

– Ainda não tinha ouvido falar dessa médium. A senhora Amélie também está com eles? – perguntou Philippe, depois de alguns momentos de meditação, onde sua mente procurava entender as motivações do impostor, que tão facilmente enganara aquela alma vaidosa.

– A senhora Amélie ficou em Paris cuidando dos interesses do nosso convidado. A nova ciência precisa ganhar asas...

– E por onde andou nosso palestrante antes de chegar em Moulins?

– Percebo que o senhor tem alguma coisa nebulosa para me dizer? A princípio pensei que o senhor era adepto da doutrina, mas creio que estava enganado.

– Desculpe-me senhor Bortelet, por lhe fazer estas perguntas antes de lhe revelar o motivo de tê-lo convidado. Garanto-lhe ser um ardoroso admirador do senhor Rivail e sua obra, e tenho certeza de que me entenderá brevemente. Apenas gostaria que me respondesse poucas perguntas e o assunto que lhe apresentarei se mostrará de seu total interesse.

– Então não vamos perder mais tempo – resmungou o agora incomodado prefeito.

– Como o senhor ficou sabendo que Kardec estava proferindo palestras de cidade em cidade?

– Ora, fui informado por um amigo que mora em Paris. Sabedor que é do meu interesse no assunto, mandou-me uma carta informando que o senhor Allan Kardec promoveria palestras na nossa região, bem como dos honorários cobrados por ele, para que eu me preparasse, caso tivesse interesse. Acabou ficando mais fácil para nosso mestre começar as palestras por Moulins, só que houve um erro de datas e, felizmente chegou à cidade alguns dias mais cedo, sendo que estou tendo a felicidade de hospedá-lo em minha casa há quase uma semana. Ele já mandou cartas para as outras cidades onde dará as palestras e promoverá sessões com a senhorita Charlote, avisando da mudança de datas.

– Ah! Então as sessões fazem parte do programa?

– Sim, mas não as que já aconteceram. Estas foram uma gentileza dos nossos hospedes. A sessão programada acontecerá hoje, na casa de um amigo, já que, como prefeito, é melhor eu não me expor tanto.

– Compreendo. Tenho apenas mais uma pergunta, se não se incomodar: este amigo que mora em Paris, o senhor o conhece bem?

– Ah! sim, muito bem! Na verdade, não posso dizer que seja um amigo agora, mas fomos um dia. A família de Henri

Bautan era tradicional em Moulins e fomos amigos na infância. Tivemos um desentendimento no passado, infelizmente, e ele partiu daqui carregando muito ódio no coração. Mas veja o senhor, como estas verdades trazidas pelos espíritos podem mudar as pessoas! Ele conviveu com Kardec em Paris e conheceu sua doutrina, então entendeu o quanto o ódio destrói e mandou-me uma carta onde dizia ter-me perdoado por todo o rancor que carregava. Nesta carta, avisou-me da vinda do senhor Kardec, como prova de sua regeneração.

Henri Bautan! Que surpresa para Philippe! Só podia ser o mesmo 'amigo' que mergulhara alegremente nos saldos de sua carteira enquanto estudava em Paris, já que era natural de Moulins. Então era esta a fonte das ideias estranhas apresentadas pelo impostor na palestra! Impressionante coincidência, pensava Philippe, enquanto sua mente andava por todas as trilhas que cada informação permitia e cada vez mais entendia a situação. A própria regeneração de Henri era uma prova de toda farsa. Depois de um tempo um pouco maior de reflexão, quando o prefeito pensava que havia dissuadido o jovem advogado de suas pretensões iniciais, falou:

– O senhor está sendo enganado. Perdoe-me a franqueza.

– Enganado? O senhor me disse ser fervoroso defensor da causa espírita! Como...

– Por favor, não confunda a situação mais do que já é confusa – interrompeu Philippe, com firmeza. – Felizmente eu estava aqui para desmascarar um impostor. Este homem que se apresentou em sua cidade como o mestre lionês, não é Allan Kardec.

– Mas o que me diz? Como pode ter tanta certeza para falar desta maneira?

– Porque sou amigo pessoal de Hippollyte Léon Denizard Rivail. Formei-me advogado pela Universidade de Paris e tive o privilégio de conhecer Allan Kardec, sendo que devo a ele devolver-me ao caminho do bom senso, já que havia me perdido nas noites da capital em busca de fantasias. Este que se apresentou ontem aqui tem uma razoável semelhança física com Kardec, mas não passa de um farsante.

O prefeito estava estupefato. A manhã já estava quente e, agora, gotas de suor escorriam pelo rosto ruborizado do senhor Claude Bortelet. Ficou um longo tempo olhando para Philippe, mas este percebia que seu pensamento não estava ali. Antes de levantar e pedir por um mensageiro, falou, baixo, quase para si mesmo:

– Miserável!

O comissário não tardou a chegar, sendo que, enquanto esperavam, o prefeito não fez mais perguntas sobre o assunto e um silêncio estranho os havia dominado. Philippe, por sua vez, não quis mais constranger o senhor Claude, já que ser envolvido por um golpe não é nada que um vaidoso intelectual possa superar com facilidade.

O prefeito chamou o comissário para uma conversa reservada, a um canto da recepção, mas não tardaram a partir na direção da casa do senhor Claude, em duas carruagens: uma do prefeito, outra do comissário, onde iam mais dois oficiais da guarda.

Assim que entraram na casa do prefeito, este pediu para que uma serviçal fosse rapidamente chamar pelos hóspedes.

– Mas eles ainda não retornaram do passeio, senhor – falou a serviçal, miúda e de olhos ligeiros, assustada com a presença da polícia na casa.

– Passeio? – perguntou o prefeito.

– Sim, eles saíram para caminhar muito cedo, porque a jovem dizia não estar muito bem e precisava do ar fresco da manhã. O dia mal havia amanhecido e o senhor ainda não tinha descido para a primeira refeição. Como um mensageiro chegou e o senhor logo saiu, sem se alimentar, não tive tempo de lhe informar. Já deveriam ter voltado, pois passou da hora da refeição da manhã, embora a mesa ainda esteja posta.

O senhor Claude apenas olhou para o comissário e este logo desceu pelas escadas que levavam para a rua, seguido pelos dois guardas. Era fácil de entender o que estava acontecendo. Philippe havia notado que o falso Allan Kardec ficara bastante preocupado na noite anterior, quando teve que se apresentar a ele. Tão logo o advogado percebeu a fraude, fez questão de se comportar como um admirador desconhecido, mas ficou fácil perceber o constrangimento gerado.

Claude Bortelet, que estava parado na porta por onde os policiais haviam saído, subitamente virou-se para Philippe, como se tivesse lembrado de alguma coisa terrível. Sem dar explicações, passou ao seu lado e foi até o escritório, que ficava no lado oposto da grande sala de visitas, na sequência do *hall* de entrada. Mesmo claudicante, andava rapidamente. Philippe permaneceu onde estava e de onde podia ver a porta do escritório. Não demorou para que o prefeito voltasse, mais parecendo um fantasma.

– O cofre está vazio – falou, quase que para si mesmo, mas alto o suficiente para que Philippe o ouvisse. Depois disso, ele voltou até a porta de entrada da casa e ficou olhando na direção do rio, à distância. Estava pálido e suas mãos apertavam firmemente o cabo adornado da bengala, como se somente ali encontrasse algum apoio para tudo o que estava acontecendo, enquanto sua respiração estava bastante pesada. Depois de alguns minutos parado na porta, virou-se para Philippe e falou:

– Perdoe-me por ter sido grosseiro.

– Estava no seu direito, senhor. Sou eu que lhe peço desculpas por não ter sido mais direto. A perda foi muito grande?

– Inestimável! Inestimável! Não apenas pela soma em dinheiro, mas pela joia de família que levaram. Era chamada de *La Dame Bleue*, uma joia de imenso valor, imenso valor. Santo Deus! Que miserável!

– A polícia os encontrará, tenho certeza. Lamento não ter sido mais objetivo.

– Não se preocupe, o senhor agiu como deveria agir um cavalheiro e, como é advogado, gostaria de lhe fazer uma proposta.
– Uma proposta?
– Sim, gostaria de contratá-lo. Assim que este impostor for encontrado, gostaria que assumisse um processo contra ele e o senhor Henri Bautan, meu generoso amigo, que nada mais fez do que aplicar-me uma vingança.

Capítulo 16

Angers, 07 de abril de 1876

Marie saiu aflita da prisão após a visita a Teofille, muito mais pela tristeza nos olhos do prisioneiro do que por não encontrar pistas para desvendar os mistérios que rondavam sua casa. Cumpriu mecanicamente seu trabalho na biblioteca da universidade e, em seguida, apresentou-se ao hospital, na hora de costume, para cumprir seu trabalho voluntário, embora não estivesse satisfeita por ter que fazer todos os trajetos em seu cabriolé, guiada por Pascal. Gostava das longas caminhadas nos intervalos de tempo que suas atividades permitiam, pois era fiel seguidora dos métodos de ensino pregados por Pestalozzi, bem como por seu discípulo, Denizard Rivail. Por isso, entendia que a atividade física era indispensável para que a mente funcionasse em plenitude, embora não tivesse a mesma liberdade que os homens para isso. Tanto caminhava como exercitava o raciocínio nestes períodos, para resolver os problemas diversos que seu professor propunha, além de racionalizar sobre os seus próprios problemas. Pascal não a incomodava, mas o tempo entre um compromisso e outro estava sendo muito curto e sentia falta das caminhadas.

– Amanhã dispensaremos o cabriolé – falou a Pascal, quando chegaram ao hospital. – Já que meu pai o colocou como meu guarda pessoal, terá que caminhar.

Havia alguma rispidez nas palavras dela, o que deixou Pascal incomodado, além do fato de ela demonstrar que já havia entendido a preocupação do pai quanto a sua segurança. Marie fora ríspida porque estava irritada por vários motivos, bastante evidentes, e Pascal apressou-se em desculpá-la intimamente. Talvez por isso tenha se impressionado quando ela voltou de dentro do hospital e pediu desculpas.

– Perdoe-me, Pascal. Sei que você não tem culpa alguma por tantos dissabores que andam me rondando.

– Não precisa se desculpar, senhorita. Além do mais, eu também prefiro caminhar.

Marie sorriu delicadamente e o coração de Pascal bateu tão forte que ele pigarreou para ocultar o som que vinha de dentro, com medo de que a jovem ouvisse.

Dentro do hospital, Marie ficou um longo tempo sentada ao lado de Filomena, que, embora tivesse melhorado bastante de aparência, ainda dormia sob o efeito dos sedativos que o doutor Roquebert lhe aplicava. Em dias normais, ao menos duas vezes por semana Marie ia ao quarto de Filomena, na casa de Alphonse, para juntas lerem *O livro dos espíritos* e os exemplares da *Revista Espírita*, e era fácil perceber como os temas estudados mexiam em áreas delicadas das convicções dela. *O Evangelho segundo o espiritismo*, por sua vez, causava em Filomena um estranho mutismo introspectivo.

– Ela está com duas costelas fraturadas, senhorita, além de grandes hematomas no abdômen, o que indica hemorragias perigosas devido à violência que sofreu – falou o médico, que havia se aproximado tão logo percebeu Marie ao lado da cama.

– Já acordou algumas vezes, mas não chegou a me reconhecer. Creio ser melhor esperarmos mais. Ela está medicada com morfina e brometo de sódio, e isso vai deixá-la assim enquanto for preciso. O comissário também está ansioso para ouvi-la, assim como todos nós. Sabe se conseguiram encontrar a menina que informou o crime aos pescadores?

– Não. Acabo de vir da prisão e o senhor Grénault não encontrou nenhuma pista. A menina sumiu, ou é como se nunca tivesse existido – respondeu Marie. – Uma menina levou uma carta ao meu pai na noite em que ele veio ao hospital reconhecer o corpo que confundi com o do nosso hóspede. Depois a vi na rua, no dia em que Teofille foi preso... não sei, mas minha intuição me diz que é ela...

– E como está o seu 'hóspede', que morreu sem ter morrido? – voltou a perguntar o médico, com uma tão mal disfarçada pitada de ciúme que fez com que Marie o olhasse com estranheza.

– Como poderia estar um inocente privado de sua liberdade? Somente Filomena poderá jazer justiça, porque o meu testemunho e de papai não foram o suficiente, infelizmente.

– Por mais que ele deva ser inocente, uma tentativa de assassinato é um assunto grave, procure entender o comissário, senhorita – falou Roquebert, tentando colocar maior naturalidade nas palavras, ciente de que havia dado um passo em falso ao carregá-las com o ciúme anteriormente. Temia que sua amada não entendesse o seu platonismo inocente e acabasse por se afastar.

– É o que tenho tentado, doutor. Mas, mesmo assim, o senhor tem ideia de quando Filomena poderá falar?

– Não sei. É impossível saber. Eu considero quase um milagre ela estar viva.

– Milagre? Estou abismada! Nunca o imaginei usando esta palavra.

Roquebert sorriu da armadilha de palavras onde caíra. Já havia declarado seu ateísmo várias vezes e sofria constantemente com as insinuações da irmã Deodore de que não era sadio para a instituição ter um médico que não acreditava em Deus tentando salvar vidas.

– Já vi tanta coisa como médico que, confesso, às vezes chego a pensar que existe mesmo algo além do que meus olhos veem, do que minha pele sente, meus ouvidos escutam.

— Sério mesmo, doutor? Tem mesmo dúvidas? Fico feliz em saber disso.

— Tenho que admitir que sim — respondeu o médico, sem saber ao certo se tinha mesmo dúvidas ou apenas tentava agradar Marie.

— Ficaria feliz se um dia pudéssemos conversar sobre isso com mais tempo. Quem sabe não consigo lhe mostrar um novo caminho?

— Ah! Conversar... sim, podemos conversar, mas não fique entusiasmada. No fim, sempre a razão toma conta de mim e volto ao mesmo lugar — falou Roquebert, tentando despistar a alegria que a proposta de Marie causara.

— Quer dizer: volta para o lugar confortável onde não é preciso correr nenhum risco intelectual, não é? Muitos atacam as propostas de Allan Kardec por medo de reconhecer uma verdade que os fará ter que construir novos paradigmas.

Roquebert olhou impressionado para Marie. Como uma jovem de dezessete anos podia chegar a raciocínios filosóficos tão intrincados e, ainda pior, ir exatamente ao ponto certo sobre suas convicções?

— A razão é um lugar confortável e amplo, senhorita — ainda falou o médico, agarrando-se relutante às convicções a que estava acostumado.

— Mas quem disse que não pretendo sentar numa bela cadeira deste lugar confortável chamado razão e tomar um chá com o senhor? É exatamente sobre razão que quero falar. O senhor Allan Kardec é uma das mentes mais racionais conhecidas. Não tenha medo de encontrá-lo.

— Então vamos marcar um chá — falou o médico, um tanto para fugir do incômodo assunto que o encurralava, um tanto para não perder a oportunidade de encontrar a jovem em outro ambiente que não o hospital ou sua casa. — Temos uma excelente casa de chás próxima daqui, mas creio que precisaremos que mais alguém nos acompanhe.

— Ora, doutor, estamos em 1876, não creio que a sociedade exigirá nosso casamento por tomarmos um chá juntos — falou Marie, sorrindo delicadamente, sempre ciente do encantamento que produzia, e retirando-se para cumprir suas tarefas junto com as irmãs, que já começavam a se incomodar com a conversa de ambos ao lado da cama de Filomena.

A promessa de um novo encontro deixou o ateísta médico fascinado, embora nada demonstrasse exteriormente. Alinhado com pensamentos revolucionários desde a mais tenra idade, aprendera que, para continuar vivendo, era melhor saber disfarçar. Muitos dos seus amigos de universidade haviam sido deportados quando Luís Napoleão assumiu o poder totalitário.

A tarde já ia bastante adiantada quando Marie chegou em casa e encontrou seu pai a esperando no escritório. O ar sisudo deste deixou-a em alerta. Ainda não haviam conversado sobre sua visita ao professor Chambot nos dias seguintes à sessão na qual Kardec, ou o suposto Kardec, havia se manifestado, tampouco conversado mais sobre o assunto das sessões, porque a preocupação com Teofille e Filomena deixou ambos focados em outro assunto.

— O que ele disse? — perguntou Philippe, assim que ela sentou à sua frente, como se fosse uma cliente prestes a contratá-lo.

— Ele quem, papai? Disse o quê? — respondeu Marie com duas perguntas rápidas, já sabendo sobre o que se referia seu pai, mas apenas querendo ganhar tempo para organizar suas respostas.

— Não vamos perder tempo, minha princesa, você sabe sobre o que estou falando.

— Pensei que ele pudesse nos ajudar, papai. É uma boa pessoa e muito inteligente.

— Por isso estou perguntando o que ele disse. Não a estou condenando mais por ter me desobedecido. Vamos, me diga qual foi a opinião do professor Chambot? Ele acredita que possa ser mesmo Allan Kardec? Você me disse que ele é um admirador do mestre.

– Na verdade, há poucos fatos conhecidos para chegarmos a uma conclusão sobre isso. Precisaríamos de mais elementos – respondeu Marie, causando no pai uma rápida admiração, pois a filha falava como se fosse um advogado experiente. Chegava mesmo a mudar a postura e seus olhos adquiriam uma profundidade sagaz, como se fosse possível falar sobre qualquer assunto. Por sua vez, Marie não quis contar ao pai que já havia conversado com o professor no dia seguinte da primeira reunião e que, depois da segunda, não o havia encontrado, pois demonstraria ainda menor respeito pela sua ordem.

– Então ele também ficou em dúvida?

– Sim, e fico feliz em saber que o senhor também aparenta estar, embora a firmeza com que o espírito falou nas duas perguntas de *O livro dos espíritos*, que confirmariam sua veracidade. Na segunda sessão, o senhor parecia estar totalmente convencido.

– Confesso que estou impressionado com o que ele falou. O seu professor já desvendou o mistério das duas perguntas?

– Acredito que sim, porém, ficou de me dizer o que decifrou na minha próxima visita, se o senhor ainda me permitir vê-lo.

– Por que não permitiria, minha filha? São tão poucas as coisas que te proíbo.

– Mas eu o desobedeci, e lamento por isso. Antes que me autorize, não voltarei lá. O senhor também deve estar interessado em desvendar o enigma.

– Enigma? Não há enigma para mim, Marie. Se eu tomar apenas estas duas perguntas para ter certeza sobre a identidade do espírito, lhe diria que é mesmo o grande Allan Kardec que aqui veio.

– Então o senhor já sabia o que elas significam?

– Claro, como não poderia? No momento em que me falou das perguntas eu já sabia sobre o que se tratava. Para mim não há mistério, são indicações evidentes de que é mesmo nosso mestre. Tratei o assunto de uma das perguntas diretamente com ele, e a outra, embora tenha um cunho subjetivo, me leva diretamente ao endereço onde encontrei o livro que quer que eu publique.

— Mas...

— ...mas, não podemos nos ater apenas nesta fonte. Se um advogado fizer isso para dar andamento a qualquer caso, estará perdido. Temos que avaliar a situação dentro de um contexto maior e, neste contexto maior, mesmo que eu tenha garantido que vou publicar o livro, existem outros fatores a serem analisados.

— Então, se o senhor sabe o que significa, por favor...

— Ah! Desculpe-me, princesa, mas não acho conveniente lhe falar como uma delas me garante ser Kardec, e outra qual livro que preciso publicar para salvar sua doutrina. São assuntos do passado que nada de bom poderiam trazer a você.

O ar de decepção estampado no rosto da filha tocou o coração de Philippe, mas ele sabia que precisava ser firme neste assunto e não se deixar levar facilmente pela doce sedução dela, que conseguia quase tudo o que queria com seus ardis emocionais e intelectuais. Os olhos da filha chegaram a marejar e, por isso mesmo, antes que fraquejasse, levantou e falou:

— Ainda aprenderá que nem tudo podemos ou devemos saber, meu anjo. Garanto-lhe que apenas estou lhe protegendo. Agora vou caminhar um pouco e aproveitar o ar fresco do final da tarde, como me pediram os doutores.

— Faz bem, meu pai, faz bem. Caminhar poderá ajudá-lo também a clarear a mente. Já combinei com Pascal que amanhã deixaremos o cabriolé em casa e vamos fazer nossos caminhos a pé, como sugeria Pestalozzi em relação às atividade físicas. Seu eu fosse um menino, vestiria uma roupa adequada e correria pela cidade inteira e pelos campos.

O pai apenas sorriu da espontaneidade da filha, sempre orgulhoso, tanto da sua beleza ímpar, quanto da sua inteligência, depois foi na direção do corredor pensando em chegar à rua, porém, ao passar pela porta parou, virou-se novamente para Marie e falou, grave:

– Mais uma coisa, minha princesa: não tente, em hipótese alguma, descobrir quem é Flammarion Duncert, pois bem sei que esta filha que me ama tanto não deixaria de ler o bilhete que recebi de uma menina desconhecida.

Marie ficou impassível. Não encontrou nem um olhar, nem um sorriso meigo que pudesse abrir um caminho para fugir. Acabara de descobrir que seu pai a conhecia muito mais do que ela imaginava e, além disso, era muito mais esperto do que pensava.

Capítulo 17

Paris, setembro de 1859

A compra da *Héron Blanc* se transformou em um sucesso comercial. Os muitos pequenos gabarres que levavam a produção da região de Moulins a Nevers rendiam bastante dinheiro e, pelo contrato firmado, Philippe tinha uma parte substancial neste rendimento. De Nevers, através do Loire, os gabarres maiores da *Carpe d'Or* se encarregavam de ganhar muitos outros mercados.

Embora nunca tenha passado por dificuldades financeiras, Philippe estava feliz com o fato de começar a viver de seus próprios rendimentos como advogado, e seu rápido sucesso já começava a interessar outros comerciantes, o que lhe permitiu abrir seu primeiro escritório, ao lado da sede da companhia do pai, que, por sinal, estava bastante orgulhoso.

O futuro econômico sorridente o deixava ainda mais seguro por ter apressado seu casamento com Suzette. Em uma semana após seu retorno de Moulins, casaram-se, com discrição, como haviam combinado e, agora, em Paris, a trabalho, ficava pensando como podia ter gostado tanto da cidade luz[20] sem ter amado de verdade. Chegou a pensar que amava Françoise, que fora apresentada a ele exatamente por Henri

---

[20] Paris ficou conhecida como Cidade Luz devido ao Iluminismo, que carregou para a capital francesa uma grande quantidade de intelectuais e artistas,

Bautan, devido aos dotes mediúnicos da moça. Sem dúvida, este fato pesou para que se envolvessem, mas fora uma paixão passageira e bastante passional, principalmente por parte dela, o que ficou muito evidente quando a informou que não queria prosseguir com o relacionamento. A indignação dela ficou bem registrada no quarto do hotel onde morava Philippe, com marcas de vasos e outros objetos que voaram, quebrando vidros e espelhos, além de palavras que eram melhor deixar esquecidas.

Philippe estava sentado em frente à janela do seu quarto, no *Hôtel Le Meurice*, e o vento frio do começo da noite adiantava o final do verão prematuramente. Na primeira semana que passou na capital francesa, havia resolvido todos os assuntos pendentes da *Carpe d'Or*, e a semana seguinte seria para cuidar dos assuntos de outros clientes, inclusive, e principalmente, de Claude Bortelet, o prefeito enganado de Moulins.

Seu amigo Rivail, o qual agora todos conheciam como Allan Kardec, chegou a achar divertida a história do farsante, porém, logo ficou preocupado com a situação. Durante a tarde havia levado o mestre ao *Café de Paris,* a meio caminho entre o hotel e a *rue des Martyrs*, onde este morava.

– Não sabia que poderia gerar uma situação como essa, caro Philippe. Ao mesmo tempo em que fico feliz por saber que a mensagem dos espíritos está se espalhando tão rapidamente e com tamanha força que faz uma pessoa querer se passar por mim, também fico preocupado com a possibilidade de usarem este artifício para denegrirem a mensagem.

– De qualquer maneira, é um sinal de sucesso, meu amigo. É seu nome que está famoso.

– Dispenso qualquer fama que não possa contribuir com a divulgação da verdade que tentamos trazer ao mundo. Mas então o impostor nunca foi encontrado?

---

transformando-a no centro cultural da Europa. A intensa iluminação pública, de ruas e monumentos, somente veio reforçar este título. (Nota do autor)

– Não, sem nenhuma pista. O comissário espalhou vários homens na região e passou telegramas para todas as cidades ligadas por carruagens, mas eles desapareceram. Em Moulins, ninguém soube informar se eles haviam tomado um carro para viajar ou não. Sumiram, simplesmente, e, além da quantia que o impostor havia recebido adiantado para as próximas edições de *O livro dos espíritos*, obviamente com uma gentil citação do generoso prefeito nas primeiras páginas, ou mesmo na capa, também levaram uma fortuna em dinheiro e joias de família que estavam no cofre da casa. Além de bom orador, o homem também deveria ser hábil com os dedos para abrir um cofre, ou conseguiu o segredo soprado por algum espírito.

– Isso se essa tal *mademoiselle* Charlote fosse mesmo médium – comentou Kardec, com um sorriso irônico nos lábios. O mestre lionês estava com cinquenta e cinco anos e *O livro dos espíritos* havia sido publicado há apenas dois anos.

– O que nos resta agora é encontrarmos Henri Bautan. Embora não tenhamos nenhuma prova concreta, o prefeito tem certeza de que foi ele quem armou tudo por vingança.

– Se isto for verdadeiro, vou me decepcionar muito com nosso amigo Henri, caro Philippe. De certa forma, ele sempre esteve próximo, embora eu nunca tenha podido extrair dele nada realmente útil para o enriquecimento da doutrina. Tinha um grande conhecimento de muitos assuntos, mas, em relação à espiritualidade, suas teorias eram um tanto assustadoras e por demais tendenciosas. Além do mais, no campo da ética, deixava a desejar.

– Sim, eu sei. Ele era o que mais sabia dividir o que eu levava na carteira – falou Philippe. – Foi graças ao amigo que consegui acordar a tempo e jamais esquecerei disso. Sou-lhe muito grato.

– Ora, aqui quem deve ser grato sou apenas eu. O amigo sabe que eram tempos difíceis e toda renda era bem-vinda. O que me pagou para que eu organizasse sua contabilidade foi muito útil.

— Mas foi irrisório o que lhe paguei, mesmo porque, meu pai não me mandava quase mais nada.

— Acertadamente, por sinal. Agora, ainda falando sobre Henri Bautan — falou Kardec, aprumando-se na cadeira —, lembro que, certa feita, um pouco antes de eu receber os cadernos de Friedrich e seu grupo, que tanto me ajudaram, seu amigo me procurou também com uma grande quantidade de material mediúnico que havia colhido juntamente com uma médium, de quem não recordo o nome.

— Françoise, provavelmente — falou Philippe, com um sorriso discreto. Sua vida amorosa ele procurava não dividir com o mestre, por isso nunca havia comentado com ele seu romance com Françoise.

— Sim, creio que sim. Dizia conter ali verdades sobre a vida espiritual que abalariam o mundo, e pediu-me para que o avaliasse, já pensando na possibilidade de, juntos, lançarmos uma nova doutrina.

— Por Deus! Ele também foi um druida no passado? Ele queria todo o mérito, por certo.

— Oh! Juro que não levei para este lado. Sempre cuidei deste assunto procurando dar o mesmo valor a todos os que me procuravam, ao menos até avaliar racionalmente as informações que me traziam. No entanto, assim que fiquei com seus documentos, os próprios espíritos pediram para que eu os ignorasse para não perder nosso precioso tempo. Estes espíritos que me ajudavam sempre foram muito objetivos, sabedores de que não poderíamos divagar com ideias inúteis. Aliás, foram eles que, muito acertadamente, me recomendaram ler o material trazido pelo grupo de Friedrich, que inicialmente eu recusara.

— Então os documentos eram inúteis. Imagino que Henri se deixou levar por espíritos que falaram o que ele queria ouvir, ou seja: viva a vida intensamente e deixe para pensar em Deus amanhã. Eu conheci Françoise, caro Denizard, e cheguei a presenciar suas comunicações. Os espíritos que falavam através dela demonstravam uma grande erudição, sem dúvida, assim como eram bastante eloquentes. Confesso que, quando o conheci verdadeiramente, meu amigo, naquela sessão na casa da família Baudin, estava negociando com Henri o patrocínio da publicação das comunicações da senhorita Françoise. Fico mais tranquilo, e ainda mais agradecido, por saber que eram documentos sem valor.

– Confesso que não cheguei a ler nada. Nosso amigo era muito inteligente, mas faltava-lhe disciplina. Além do mais, eu tinha imensa confiança nos médiuns a que recorria, bem como nos espíritos que, através delas, comigo se comunicavam. Sendo assim, confiei prontamente no que me disseram sobre os documentos. Deve saber, caro Philippe, que os espíritos me ajudavam sempre em assuntos desta natureza, mas com o único intento de não nos perdermos na condução do trabalho, sem nunca interferirem na minha vida íntima, como é comum aos bons espíritos. Foram eles que me alertaram para a falta de disciplina de Henri Bautan.

– Está sendo bastante brando. Sabemos que faltava a ele muito mais atributos para pensar em ser fundador de uma nova doutrina, como é o seu caso.

– Estou longe de pensar em ser o fundador de qualquer coisa, meu amigo. Quero apenas que o maior número de pessoas conheça o que os espíritos ensinaram, o que pode, definitivamente, mudar suas vidas para melhor. Além do mais, ainda estamos apenas no princípio. *O livro dos espíritos* está apenas começando a caminhar e virão outros. A *Revista Espírita*, que a princípio publiquei por minha própria conta, já caminha por si só e faz tanto sucesso quanto o livro, felizmente. A verdade, depois de revelada, não consegue mais ser detida...

– Oh! Preciso levar todos os exemplares já lançados. Confesso que ando relapso. A profissão tem me tomado todo o tempo.

– Terei imenso prazer em presenteá-lo com eles.

– E tem visto Henri? O que sabe dele atualmente? – perguntou Philippe, mudando de assunto, porque sabia que Kardec sempre pedira a ele que não ficasse somente na superfície dos temas que tanto o interessavam.

– Creio que nada. Ele estava morando no *Place des Vosges* quando devolvi a farta documentação que havia me trazido, porém, desde lá nunca mais o vi, nem tive notícias. No entanto, isso pode ser apenas uma falha minha, porque quase todo meu tempo dedico ao trabalho e chego a sentir saudade de conversas como esta que estamos tendo. Até os espíritos pedem para que eu não abuse tanto das forças físicas. Agradeço por ter me carregado até aqui, quase que à força.

– Ora, o amigo estava pálido. Senti que precisava um pouco de ar puro e sol.

– Sim, Gabi diz a mesma coisa.

– Foi pena ela não ter vindo, aprecio a inteligência dela tanto quanto a sua.

– Creio que ela não veio exatamente por isso. Como ninguém ela sabe a hora de falar e calar, ouvir e opinar, estar presente ou não. Creio que ela considerou que o amigo tinha assuntos particulares a tratar, no que estava certa, como sempre. Já pensou em procurar os antigos amigos de universidade para obter alguma informação do senhor Bautan?

– Oh! Todos partiram. Creio até que, depois que segui seus conselhos, eles ficaram sem ter como se sustentar.

A conversa com Kardec se alongou até antes de voltar para o hotel e foi com um pouco de tristeza que devolveu o amigo à sua amada Gabi, que os recebeu com o sorriso mais gentil que podia oferecer e agradeceu por Philippe ter levado o marido para tomar um pouco de sol.

– Se ainda estiver aqui no domingo, apareça para o jantar. Sempre alguns amigos aparecem e ficaríamos felizes com sua presença – falou Kardec, despedindo-se.

Embora alegre por ter encontrado o admirável amigo, não obtivera com ele as informações que precisava sobre Henri Bautan, através do qual pretendia chegar ao falso Allan Kardec. Desde que aceitara a proposta do prefeito de Moulins para que judicialmente tentasse recuperar o que havia perdido, além de processar os delinquentes, esperava que a polícia prendesse os criminosos para poder começar a agir, efetivamente, mas dois meses haviam se passado sem mais informações. Desta forma, pensava em auxiliar como podia nas investigações, já que a polícia também não conseguira encontrar pistas de Henri.

Na manhã seguinte se dirigiu à única pista que Kardec lhe deu, mesmo que indiretamente, a *Place des Vosges,* o último endereço conhecido de Henri. Quando Philippe morava em Paris, seu amigo nunca tinha um endereço fixo, morando com aquele que lhe oferecesse um espaço ou, dependendo do político com quem estivesse envolvido, em hotéis mais confortáveis. Mesmo sendo de uma família de boas condições financeiras, nunca tinha dinheiro suficiente. Sabia que havia sofrido uma grande decepção amorosa antes de vir para a capital estudar e, agora, descobrira que o causador desta decepção fora Claude Bortelet, que, por ser de uma família bem mais rica e poderosa, surrupiara sua noiva às vésperas do casamento.

Philippe caminhou pela praça e parou na frente do número 6, não sem se deixar tocar pela emoção. Ali morara Victor Hugo, o autor de *Notre Damme de Paris.* Ali, sabia Philippe, desde 1830 ele escrevera boa parte do seu maior romance, segundo o próprio autor, mas que ainda não havia sido publicado, dada a magnitude da obra, que falava da miséria humana, retratada através da miséria instalada na capital francesa, principalmente na primeira metade do século.

– Tenho saudade dele – falou alguém atrás de Philippe, assustando-o e fazendo com que se virasse um tanto abruptamente, para encontrar um senhor franzino e bem vestido, embora se pudesse notar que as roupas já estavam bastante usadas. Apoiava-se em uma bengala, que parecia lhe transmitir um pouco mais de dignidade e segurava um óculos para poder melhor avaliar com quem estava falando.

— O senhor o conheceu também? – perguntou Philippe, entendendo a que se referia o desconhecido.

— Muito... muito mesmo! Na verdade, ele não quis me levar quando partiu. Eu fui seu mordomo por muitos anos. Muitos, como o senhor, param aqui na frente e ficam como eu, olhando para a porta, como se ele fosse aparecer a qualquer momento.

— Todos sentimos sua falta. É uma pena que não tenha aceitado a anistia.

— Ele jamais a aceitaria. É orgulhoso demais. Seria preciso o próprio imperador pedir, pessoalmente, pela sua volta, se isso fosse possível – falou o homem, já começando a caminhar para ir embora. Não havia se apresentado e agora tampouco se despedia.

— Meu caro, se morou aqui, talvez possa me dar uma informação – pediu Philippe, com o antigo mordomo já a alguns passos distante.

— Seu eu puder ajudar...

— Morou por aqui um homem chamado Henri Bautan...

— Ah! Bautan... Bautan! Ele ficou devendo dinheiro para o senhor também? – Interrompeu o antigo mordomo, antes que Philippe completasse a pergunta.

— De certa forma, sim – respondeu Philippe, achando essa uma maneira boa para abordar o assunto.

— Ele morou por um tempo ali ao lado. Quer dizer, foi e voltou muitas vezes. Como devia para muita gente, inclusive para o senhor Hugo, vivia um pouco escondido. Creio que obterá mais informações no número 4; o amigo que o recebia ainda mora ali.

Capítulo 18

Angers, 08 de abril de 1876.

A distância até a casa do professor Chambot era demasiadamente grande para que Marie fosse até lá caminhando e ainda tivesse tempo suficiente para cumprir suas outras atividades. Sendo assim, Pascal a levaria com o cabriolé, mas já combinara com ele que o restante do dia seria caminhando. Ela estava tão ansiosa para conversar com o professor que resolveu deixar para perguntar o que Pascal sabia de Filomena, como sugerira Teofille, mais tarde, quando estivessem caminhando.

Mais uma vez ela não foi tão cedo à casa do professor, mas ainda assim o encontrou alimentando suas aves, na beira da lagoa do fundo da casa.

– Então, como está Filomena? – perguntou o professor, assim que ela se aproximou.

– Esperamos que ela possa falar o mais rapidamente possível. Vejo que o senhor está bem informado.

– A cidade toda esta falando, não é? Além do mais, seu hóspede fez fama em Paris antes de vir para Angers. Soube até que o incidente saiu tanto nos jornais locais quanto na imprensa da capital. Não esqueça que tenho muitos alunos que gostam mais de falar da vida dos outros do que de estudar. Na verdade, fico preocupado como estes professores da *Facultés Libres de l'Ouest*. Estes jovens chegam a mim mal sabendo em que dia nasceram. Mas folgo em saber que sua criada está bem. Ouvi falar que é uma jovem muito bonita...

– Nossa! Seus alunos falam sobre tudo mesmo. Tenho até medo de pensar no que falam de mim.

– Ah! Nada mais do que a senhorita já não esteja acostumada, e não vou repetir estes tagarelas falando sobre a auxiliar da biblioteca, que faz com que as filas para consultar livros aumentem tanto nos horários em que está trabalhando. Não vou mesmo! – falou Chambot, sorrindo, e sabendo que satisfazia a vaidade da aluna, que, por sinal, já sabia que a biblioteca chegava a ficar tumultuada nas horas em que lá permanecia.

– E o senhor Teofille, o médium, já está fazendo sessões para entreter os policiais? – continuou o professor.

– Ah! Ele me falou que todos pedem, inclusive outros prisioneiros. Não duvido que isso aconteça...

– E o que ele falou sobre a comunicação? – perguntou Chambot, interrompendo Marie. – O que ele acha do espírito comunicante?

– Meu professor, assim vou acabar pensando que o senhor tem um espião que segue meus passos.

– A inteligência ativa e bem aplicada é uma excelente espiã, minha querida, sendo que ela não precisa dar um passo para chegar às suas conclusões. Mas não me disse a opinião do médium, que sei que foi visitar para fazer esta pergunta, pois a conheço o suficiente.

– Todos estão em dúvida, pelo que minha própria espiã consegue entender. Nem o senhor, nem Teofille, nem papai, ninguém sabe me dizer o que está acontecendo.

– E seu pai está disposto a levar a público as novas informações de Kardec?

– Ele está em dúvida sobre isso. Mas o senhor ainda não sabe que tivemos outra sessão e falamos novamente com o pretenso Kardec. Desta vez ele foi bem mais incisivo e cerceou

meu pai quanto à publicação do livro. Meu pai até conhece o autor de tal livro, que se chama Henri Bautan, mas ainda não tive tempo para perguntar de quem se trata.
– Henri Bautan? É estranho, nunca ouvi falar deste nome. Se fosse um pesquisador sério, provavelmente eu conheceria.
– Também nunca ouvi nada a seu respeito, mas meu pai o conhece. Pelo que pude entender, não tinha uma vida muito correta.
– E quem de nós, depois de algum tempo pela vida, a mantém totalmente correta? Não é por este caminho que podemos formar algum julgamento sobre as pessoas. Mas vejo que me traz novas informações.
– Estive aqui ontem para lhe contar, mas não o encontrei.
– Oh, sim, eu a vi andando ao redor da casa e ouvi suas batidas à porta. Eu estava aqui sim, mas, naquele momento não podia atendê-la.
– Não? Oh! Desculpe-me a indiscrição...
– Não se preocupe com discrição, afinal, eu tampouco sou muito discreto. Sempre fui curioso. Estou fazendo experiências de automagnetização e desdobramento, para ver com meus próprios olhos, mesmo que os espirituais, como é a vida do outro lado.
– Oh! Que bom saber disso! Um dia vai me ensinar?
– Garanto-lhe que o que vi até agora não foi nada animador, minha menina. Por isso, não sei se é um assunto em que possa lhe orientar. Mas então vocês conversaram mais uma vez com Kardec? E ainda assim seu pai tem dúvidas?
– Sim. A princípio pensei que ele estava decidido a aceitar o pedido do espírito, mas, felizmente, ainda está pensando no que vai fazer.
– Mesmo que as perguntas 359 e 814 sejam tão precisas?
– Ah! Então o senhor vai poder me falar sobre o que descobriu delas? – perguntou a aluna, entendendo que o professor tocara no assunto específico das perguntas mais para espicaçá-la.

— Sim, vou, porque agora percebo que minha aluna substituiu a curiosidade inútil pela racionalização. Na última vez em que esteve aqui, estava muito propensa em acreditar que era mesmo Kardec.

— Ora, isso quer dizer que o senhor acha que o espírito que se comunicou é mesmo um farsante? — perguntou Marie, logo entrando no clima de responder com perguntas, de que tanto gostava o professor.

— Acho que pode ser um farsante, mas também pode ser Allan Kardec, afinal, as perguntas atestam isso, não é mesmo?

— Está bem... está bem... Então vamos ver o que o senhor descobriu — falou Marie, sabendo que Chambot instigaria sua inteligência até o fim e aceitando o braço que ele lhe oferecia, enquanto espantava os gansos que o cercavam na esperança de mais alguns grãos de milho.

Tão logo tomaram lugar à mesa, o professor puxou para si *O livro dos Espíritos*, porém, antes de voltar ao assunto da comunicação do pretenso Allan Kardec, perguntou:

— E o que Pascal diz sobre a tentativa de assassinato de Filomena?

Marie, que ainda se acomodava na cadeira, olhou para o mestre assustada. Não tinha dúvida alguma da capacidade de observação e dedução dele, mas isso ultrapassava os limites do natural. A expressão de espanto da aluna impressionou Chambot, que sorriu e voltou a perguntar:

— Toquei em algum assunto delicado?

— Muitas vezes o senhor me assusta.

— Ora, quem além dos empregados da casa para terem informações preciosas que os patrões não sabem? Eles moram juntos na mesma casa. Eu acreditava que o próprio comissário o interrogaria.

— Creio que ainda não o fez porque espera a palavra de Filomena — falou Marie, mais para consigo mesma, olhando para as mãos cruzadas sobre a mesa. Era lógico o pensamento do professor, e talvez Teofille tenha pensado da mesma maneira. Rapidamente chegou à conclusão de que precisava de mais repouso para a mente. Não vinha dormindo adequadamente com tantas dúvidas vagando no pensamento e isso, com certeza, a estava estafando. Depois de colocar as ideias em ordem, respondeu à primeira pergunta:

— Pensava em conversar com ele sobre isso hoje à tarde, quando estivéssemos caminhando. Já o avisei que não quero ir a todos os lugares usando o cabriolé.

— E a senhorita já descobriu porque seu pai redobrou a proteção ao seu redor nos últimos tempos?

Desta vez Marie procurou não se impressionar e apenas aprender. Era evidente que o professor estava apenas exercitando sua profícua capacidade de observação, por isso tentou acompanhar sua linha de raciocínio e respondeu, sabendo que não poderia falar, ao menos num primeiro momento, sobre Flammarion Duncert, que motivara a preocupação do pai:

— Creio que nossa súbita popularidade fez com que se preocupasse.

— Ele fez bem. Não estou querendo ser intrometido, mas sua segurança também me preocupa, e como notei que Pascal fica muito mais atento quando vem até aqui, ao contrário do que fazia antes, pensei que pudesse estar correndo algum perigo maior.

— Acredito que, se papai soubesse de algum perigo maior, chamaria um pelotão da guarda para me proteger. Então, não deve ser nada de mais... mas, quanto tempo vai levar para sanar minha curiosidade.

— Oh! Quem disse que vou sanar sua curiosidade?
— Não? Mas...
— Não explicitamente. Se o seu pai não está chamando os jornais para falar sobre a mudança de ideia de Kardec, creio que podemos nos aproveitar da situação para estimular sua inteligência, não é? Então, vamos lá: acredito que, na pergunta 359, não exista nenhum código, mas sim seja uma questão to-

talmente pessoal ou algum assunto que seu pai discutiu pessoalmente com Kardec, já que foram amigos em Paris. O que a senhorita acha?

– Sim, já pensei nisso. Também sei como são os estudantes de famílias abastadas que vão para as grandes cidades estudar. Mesmo tendo receio até de pensar nisso, pode ser que papai tenha se envolvido em alguma situação de aborto.

– Ele, ou algum amigo, ou amiga, quem sabe? Ou era um assunto ligado ao direito, já que o aborto suscita ávidos debates entre alunos da universidade.

– Gostaria que fosse esta opção, certamente, mas, se não for, não pretendo julgar ou mesmo condenar qualquer coisa que papai tenha feito.

– O que é muito bom! Mas então estamos entendidos que é uma indicação indubitável? Estamos em acordo sobre a certeza de que esta questão levantada na pergunta 359 de *O livro dos espíritos* ligaria realmente seu pai a Kardec e, principalmente, era um assunto que somente Kardec poderia saber?

– Ah! Se era um assunto que somente Kardec poderia saber, não podemos ter certeza. Obviamente é um assunto que remete a Kardec para papai, mas podemos dizer que este espírito é verdadeiro só por isso?

– Ele também sabia o apelido de seu pai, Radin. Então, são duas evidências.

– Sim, mas quantas pessoas podem ter ficado sabendo deste apelido? Pense, meu caro professor, se um dos amigos do meu pai, ou nem tanto amigo, alguém que não o queria bem e que desencarnou, não poderia agora usar estas informações para levar meu pai ao ridículo?

– Ah! Muito bom! Embora não tenha cogitado a possibilidade de o médium estar apenas fazendo de conta que recebe um espírito. Mas está muito melhor do que no dia em que me trouxe o assunto. Estou satisfeito e acho que já podemos tomar um chá.

– Mas ainda temos a pergunta 814! Ou pensa em me torturar ainda mais?
– Pelo que demonstrou até agora, tem plenas condições de desvendar sozinha o enigma desta pergunta.
– *"Por que Deus a uns concedeu as riquezas e o poder, e a outros, a miséria?* Para experimentá-los de modos diferentes. Além disso, como sabeis, essas provas foram escolhidas pelos próprios espíritos, que nelas, entretanto, sucumbem com frequência."
– falou Marie, segura e pausadamente, sem tirar os olhos do professor, demonstrando que já havia colocado toda sua capacidade de raciocínio sobre a questão.
– Vejo que já se esforçou bastante...
– ... e ainda não consegui entender como esta questão possa estar relacionada com um livro que precisa ser publicado. Pode ser falta de capacidade, mas poderia me dar ao menos uma pista?
– Bem, vamos lá. Como esta questão poderia nos indicar de onde veio um livro e, consequentemente, a qual livro se refere?
– Algum assunto particular de papai? Ele disse que também já desvendou o que significa.
– Sim e não, mas dentro do contexto – falou Chambot, com o livro aberto à sua frente, na página da pergunta 814.
– Contexto?
– Uma época, um lugar, uma pessoa que seu pai intuiria quem era, como disse o espírito. Ou seja, o autor do livro. Agora sabemos que se chama Henri Bautan e seu pai o conhecia, fazia parte do seu passado... de lugares onde ele viveu...

Chambot deixou as palavras vagando no ar e a sua aluna parecia soltar laços mentais pela sala tentando capturá-las. Fechou os olhos e deixou o pensamento seguir o caminho que o professor propunha. Depois de alguns minutos, falou:
– Creio que preciso de um chá, mesmo porque já entendi que não me dará mais nenhum elemento. Fico feliz por não ser uma questão de vida ou morte.

O professor apenas sorriu, depois levantou e foi na direção do fogão para preparar o chá. Não voltou ao assunto e Marie não o provocou mais, pois, se ele não disse mais nada, é porque entendia que já tinha falado o suficiente para que ela conseguisse por conta própria a solução, usando o método que tanto apreciava de estimulação, muito condizente com o mestre Pestalozzi, que gostava de seguir.

Meia hora depois, ela se despediu do professor e subiu no cabriolé, mas achou estranho Pascal não a estar esperando. Certa de que o cocheiro deveria estar por perto, chamou-o, e não demorou a ouvir seus passos correndo pela estrada, vindos da direção de algumas árvores próximas do caminho. Então Marie sorriu e tranquilizou-se, principalmente quando sentiu o balanço do carro, tão logo ele subiu ao seu posto. Como no cabriolé o cocheiro fica atrás do passageiro, tocando o animal por sobre a cabine, Marie não precisou presenciar o provável constrangimento de Pascal, que agora tocava o carro mais rápido do que o de costume, fazendo até com que ela sacolejasse desconfortavelmente.

Cabriolé

– Pascal! Não temos tanta pressa, podemos voltar para casa com calma.

Ela falou quando o cabriolé chegava numa encruzilhada onde entraria nas ruas calçadas da cidade, porém, ao invés de virar à direita, como seria o habitual, Pascal seguiu reto e, para o espanto da jovem, aumentou ainda mais a velocidade, fazendo o cavalo começar a galopar. Estavam em um caminho que corria por um campo, fazendo com que as ovelhas de um rebanho balissem assustadas.

– Pascal? O que está acontecendo? – gritou Marie, tirando a cabeça para fora do coche e se assustando de verdade. Não era Pascal quem conduzia o carro, mas sim um homem com um grande chapéu de palha amarrado na cabeça, que olhou para ela e a ignorou.

– Quem é você? Onde está Pascal? Para onde está me levando?

O homem continuou a ignorando. Era magro e miúdo, bem mais baixo que Pascal e tinha até alguma dificuldade de conduzir o carro devido a isso, pois seu tronco não passava totalmente por sobre a cabine. Seu rosto tinha as faces cavadas e a pele era cinza, com tufos de barba mal aparados. Quando Marie, que já imaginava o que estava acontecendo, voltou a fazer as mesmas perguntas, ele se dignou a olhá-la, mas não respondeu, apenas abriu a boca, num gesto que parecia ser um sorriso irônico, porém formava apenas um quadro dantesco, porque não havia dente nenhum naquela boca.

O que teria acontecido com Pascal, que não a deixava sozinha nunca? Morto? Apenas enganado? Marie estava sendo raptada e, pela primeira vez, se arrependeu por não ter levado mais a sério as orientações do pai.

Quando o cabriolé fez uma curva mais acentuada à esquerda e entrou numa área de floresta, diminuiu de velocidade a ponto de Marie pensar em saltar, numa tentativa insana de fuga, porém, não teve tempo nem de completar o raciocínio, porque um homem usando um capuz que lhe cobria a cabeça pulou para dentro da cabine. Tão logo sentou ao seu lado, puxou de um saco de veludo negro e cobriu também a cabeça da jovem, sem dar o menor sinal de hesitação. Imediatamente Marie percebeu que o saco que foi colocado em sua cabeça estava embebido em éter, que não demorou a começar a fazer efeito. Ainda tentou gritar, mas teve a sensação de que a voz se negava a sair pela boca, enquanto a mente ia, rapidamente, perdendo a conexão com a realidade.

Capítulo 19

Paris, setembro de 1859.

Place de Voges e casa de Victor Hugo, em cartão postal de época

Philippe usou a aldrava[21] para bater na porta do número 4 do *Place des Vosges,* mas não obteve resposta. Insistiu ainda mais uma vez, batendo com mais força o bronze na madeira, chegando a chamar a atenção de pessoas que passavam por perto, mas ninguém atendeu, como se ninguém ali morasse.

---
[21] Peça de bronze ou ferro que se prende à porta para ser usado como batedor (Nota do autor).

Havia ficado alguns minutos bem próximo à porta, na tentativa de ouvir algum barulho no interior, mas o silêncio era total.

Na dúvida sobre o que fazer, caminhou por entre os arcos que circundavam a praça até uma distância razoável do número 4, se irritando com a chuva fina que começava a cair, o que o obrigaria a apanhar um carro para voltar para o hotel ou mesmo um ônibus.[22] Foi quando viu uma pequena carruagem de aluguel cruzar o portal de entrada da praça e gostou da ideia de não ter que se deslocar para procurar uma, pois esta passaria na sua frente. Porém, logo percebeu que a mesma estava ocupada e, além do mais, dois meninos corriam na sua frente, como se quisessem mostrar o caminho ao condutor.

O carro passou na frente de Philippe e parou logo em seguida, sendo que os meninos bateram exatamente no número 4, de onde ele acabara de sair. Assim que a porta se abriu, um senhor usando uma longa casaca e chapéu negro desceu da carruagem, entrando rapidamente para o interior da casa. Como o carro permaneceu onde estava, Philippe, agora mais pensando em obter informações do que uma condução, aproximou-se do cocheiro e perguntou:

– *Monsieur*? Está livre para me levar ao *Hôtel Maurice*?
– Oh! Perdoe-me, mas o médico pediu-me para esperar, senhor.
– Ah! Então foi um médico que desceu? Será alguém em perigo de morte?
– Parece-me que é apenas uma mulher grávida, senhor. Os meninos interceptaram o médico quando ele estava entrando na carruagem, mas não fico atento a detalhes – falou o cocheiro, parecendo um pouco arrependido por estar falando demais.

---

[22] O ônibus movido a cavalo surgiu em Nantes, no ano de 1826. Como os carros da companhia de transporte de Stanislas Baudry estacionavam diante da loja de chapéus Omnes, onde havia uma placa com a inscrição "*Omnes Omnibus*" o nome dos veículos foi popularmente instituído como '*omnibus*', numa referência não só à loja, mas também à mensagem estampada em sua divisa: "*omnes omnibus*", ou "tudo para todos", em latim. (http://www.uberlandia.mg.gov.br/uploads/cms_b_arquivos/9722.pdf)

– É claro que não! – falou Philippe, despistando e olhando para o lado, como se procurasse outro carro.
– Sempre há carros de aluguel por aqui, senhor. Devem estar ocupados, mas não vai demorar para que algum deles volte.
– Oh! Sim, obrigado. Vou esperar um pouco – respondeu Philippe, saindo dali e caminhando até a esquina da galeria de arcos que rodeava a praça, parando em um ponto onde poderia ver quem saísse, sem ser notado.

Cerca de meia hora depois, os dois meninos saíram pela porta, e não demorou para que também o médico aparecesse, subindo rapidamente na carruagem, que partiu em seguida. Então Kardec apareceu. Philippe estava a cerca de quinze metros da porta e não teve dúvida nenhuma em reconhecê-lo. Vestia uma camisa branca e solta sobre a calça bege, num aparente desleixo, e logo chamou os meninos para dentro, que entraram somente depois de reclamarem que queriam ficar mais tempo na rua. Mas Kardec foi taxativo e os dois o obedeceram sem mais reclamações. Assim que entraram, Kardec olhou para os dois lados da galeria, fazendo com que Philippe tivesse que recuar um pouco mais o rosto para não ser visto. Conseguira perceber que o homem havia deixado o cabelo e a barba crescerem, quase escondendo seu rosto, mas não tinha dúvida de que era o mesmo. Quando Philippe olhou novamente, a galeria estava vazia. Kardec, ou seja lá quem fosse que houvesse dado a palestra em Moulins e causado um grande desgosto no prefeito Claude Bortelet, havia entrado.

* * *

Na tarde daquele mesmo dia, Philippe sentou-se para tomar um café juntamente com o jovem Antoine Giroud, o detetive que Claude Bortelet havia contratado para localizar Henri Bautan e o falso Allan Kardec, já que a polícia não o tinha conseguido. Aos olhos de Philippe, estava claro que o detetive era pouco eficaz, porque em dois meses ele não havia encontrado nenhuma pista dos desaparecidos, enquanto que ele, em apenas um dia, já o havia conseguido.

Por isso, Philippe foi direto, e até um pouco grosseiro:
– Quem mora no número 4 do *Place des Vosges*?
– Como eu posso saber, senhor? – perguntou o jovem detetive, com evidente espanto.

O salão de café do hotel estava quase vazio naquela hora. Philippe chegou a pensar em bater com sua bengala, que usava por elegância, sobre a mesa, para causar ainda maior impacto, porém, como alguns hóspedes se espalhavam por ali, foi mais comedido.

– Eu quero os dados completos do falso Allan Kardec que mora no número *4 do Place des Vosges,* bem como da mulher grávida que usou o nome de Charlote em Moulins, e que lá também se encontra. Caso contrário, passarei ao comissário de polícia a informação de que o senhor surrupiou um salário pago pelo prefeito de Moulins para um serviço, além de subornar o falso Allan Kardec para que não o denunciasse, trabalhando tanto para a vítima, quanto para o criminoso. Com certeza você será preso, meu jovem.

O detetive ficou bruscamente pálido e, embora estivesse uma tarde fria e chuvosa, o suor começou a escorrer de suas têmporas. Ficou evidente que aquele advogado era muito esperto e não estava blefando. Porém, Antoine Giroud, embora não tivesse sido honesto, tinha o raciocínio rápido, por isso entendeu que era preciso dizer o que sabia. Chegou a pensar em fugir e se esconder, mas sabia que também seria procurado e teria sua carreira de detetive definitivamente arruinada. Então, sabendo que havia sido desmascarado, resolveu rapidamente que era melhor colaborar:

– Perdoe-me, senhor Philippe, mas passei por uma grave dificuldade financeira...

– Não quero saber de suas dificuldades e também não lhe garanto se vou ou não deixá-lo escapar ileso disso. Porém, posso lhe afirmar, categoricamente, que será muito pior se não me contar o que sabe.

– Ele se chama Flammarion Duncert, senhor – respondeu prontamente Antoine e, se não estivesse tão preocupado com a própria situação, teria percebido o leve arquear de sobrancelhas de Philippe, ao ouvir aquele sobrenome. Como não percebeu nada, apenas continuou: – Foi professor de grego, latim e filosofia na *Sorbonne*. É um gênio, senhor, mas caiu em desgraça quando Luís Napoleão dissolveu a Assembleia. Ele escrevia discursos para líderes bonapartistas, mas um dos membros da Sociedade 10 de dezembro falou ao presidente que Duncert trabalhava para os dois lados e chegara a escrever discursos também para os partidários monarquistas de Luís Philippe. Não se chegou a provar nada contra ele, mas em seu meio passou a ser visto como traidor do regime, o que fez com que perdesse o emprego e entrasse em bancarrota econômica. Creio que foi por isso, e pela sua interessante semelhança física com Allan Kardec, que aceitou a proposta de Henri Bautan, seu antigo aluno e amigo, para lesar o prefeito de Moulins. Estava arruinado e precisava do dinheiro por que a filha estava grávida...

– Como é o nome da filha? – perguntou Philippe, um pouco ansioso, mas aparentemente sem se emocionar com as dificuldades do falso Allan Kardec.

– Françoise Duncert – falou Antoine, agora percebendo que o nome causou um choque em Philippe, embora não tivesse a mínima condição de entender o motivo.

– Francoise Duncert! – falou Philippe para si mesmo, com o olhar perdido no Sena que corria abaixo e podia-se ver da janela ao lado de onde estavam sentados. O raciocínio começava a encaixar as peças daquela trama, quando Antoine continuou:

– Ela já teve alguma fama como médium, mas perdeu-se na noite. É certo que o relacionamento com Henri Bautan dificultou sua vida. Abandonou a casa do pai, com o qual nunca teve afinidade, e...

– Relacionamento com Henri? Que tipo de relacionamento eles tiveram?

– Eles viveram juntos por algum tempo. Pelo que sei, ela teve outros romances neste período, mas sempre orientada por Henri. Envolvia-se com pessoas que poderiam render alguma vantagem monetária e usava da mediunidade, a grande moda da época, para atrair 'clientes'.

Não teve como Philippe não se sentir um tolo. Acreditara no que Henri havia lhe falado sem questionar. Talvez porque seu interesse na moça fosse apenas fortuito, ou apenas por ingenuidade mesmo, acreditara que a jovem havia perdido a mãe quando nascera e o pai fora morto nas revoltas populares de 1848[23] e passara a morar com uma tia, a única parenta viva. Já havia ouvido falar no professor Duncert, devido à fama de sua genialidade como professor bem como da sua pretensa fama de conspirador, e chegara a perguntar a Henri se havia algum parentesco entre o professor e a médium, mas este alegara não ter informação sobre o assunto.

Então o professor Flammarion Duncert era pai de Françoise e Henri o enganara, mais uma vez. Lembrando-se do amigo, saiu do seu momentâneo torpor e perguntou ao detetive:

– Onde está Henri Bautan?

– Desde que partilhou o fruto dos bens furtados do prefeito de Moulins, desapareceu. É sabido que pretendia usar o dinheiro e as joias para publicar um livro, mas não sei do que se trata.

– Não tente me enganar, caro Antoine Giroud.

– Juro que não sei, senhor. Henri Bautan não foi mais visto.

– E quanto o senhor recebeu para ficar calado? – perguntou Philippe, de maneira direta e incisiva.

---

[23] Uma grave crise na França fez eclodir, em 1848, uma série de revoluções na Europa Central. Foram chamadas de Primavera dos Povos, fomentadas por liberais republicanos e socialistas do povo, devido a privilégios dados pelos governos à burguesia (nota do autor)

– Creia, senhor, por favor, creia. Flammarion Duncert não estava em condições de comprar o silêncio de ninguém. O que fiz por ele foi apenas uma retribuição...
– Retribuição? Que tipo de retribuição?
– Apenas um laço de amizade, ou de ideologia, senhor. Ele foi meu professor na Sorbonne, enquanto eu pude lá permanecer. Ele era amigo do meu pai, um professor socialista amigo de Proudhon.[24] Meu pai foi banido e a família perdeu seus bens. Não sou detetive por opção. Eu cursava direito, queria ser advogado... não foi possível...

Havia sinceridade nas palavras e no olhar de Antoine e foi fácil para Philippe perceber isso, então não insistiu. Levantou de seu lugar e caminhou um pouco pelo salão. Gostava de raciocinar caminhando. Parou em frente a uma janela mais distante de sua mesa e ficou olhando o Sena novamente, enquanto tentava organizar o pensamento. Havia sido contratado por um cliente e não poderia deixá-lo sem resposta, embora se condoesse com a situação da antiga amante, bem como a de seu pai. Havia nele uma propensão republicana e social, embora pertencesse à alta burguesia rural, por isso tinha alguma simpatia pelo professor, mas o que ele fizera, sob qualquer argumento, era crime e precisava ser punido. Depois de muitos minutos de reflexão, entendeu que o detetive não tinha mais nada a acrescentar, por isso aproximou-se para dispensá-lo sem fazer mais pressão, mas antes fez uma pergunta, embora já soubesse da resposta:
– Quem é o pai?

O detetive demorou alguns segundos para entender, mas depois respondeu:

---

[24] Pierre-Joseph Proudhon (Besançon, 15 de janairo de 1809 – Passy, 15 de janeiro de 1865,) foi um filósofo político e econômico francês. Foi membro do parlamento Francês. É considerado um dos mais influentes teóricos e escritores do anarquismo, sendo também o primeiro a se autoproclamar anarquista. (Wikipédia com citação de fontes)

– Henri Bautan, que eu saiba. O professor aceitou cometer um delito porque não queria ver a filha grávida na miséria. Além do mais, tem os meninos, que são...
– Por favor, não quero saber de mais tragédias. Já é difícil a decisão que preciso tomar.
– O que pretende fazer, senhor Philippe?
– Preciso dar uma resposta a Claude Bortelet e reaver a fortuna que foi roubada. Pelo que entendi, talvez eu consiga apenas uma parte, já que Henri desapareceu.
– Vai chamar a polícia?
– Sou obrigado, sou obrigado. E, quanto ao senhor, meu caro detetive, tomei uma decisão: descubra o paradeiro de Henri Bautan e leve-me até ele. Se fizer isso, não o denunciarei.

Capítulo 20

Angers, 08 de abril de 1876

O senhor Philippe achou estranho o fato de Pascal não ter aparecido no seu escritório para ficar à disposição, depois dos compromissos da filha. Com a ordem de proteger Marie dada a Pascal, na maioria das vezes precisava usar um carro de aluguel logo pela manhã, pois ficava sem o condutor de sua própria carruagem. No entanto, era comum que o cocheiro chegasse ao escritório no meio da manhã. Por estar preocupado com a filha, apanhou novamente um carro de aluguel e, próximo das onze horas, chegava em casa para ter uma grande surpresa: Teofille o aguardava em frente à porta de entrada, como se já o esperasse.

– Teofille? Como pode estar aqui? O comissário não me informou que o libertaria. Como aconteceu isso?

– Bom-dia, senhor Philippe! Estava mesmo saindo para ir ao seu escritório e lhe dar a notícia. Só não fui lá diretamente porque precisava de alguma higiene pessoal depois de tantos dias enclausurado. Filomena teve grande melhora durante a noite e o comissário foi chamado pela manhã. Como já sabíamos, ela confirmou que não fui eu quem a atacou. O comissário não achou necessário chamá-lo, pois, depois do seu testemunho ao meu favor, mantinha-me preso quase que por formalidade. Já dei a notícia para a senhora Suzette, que ficou feliz por saber da criada.

– Ela já é quase da família, Teofille, mas conte-me o que mais Filomena disse?

– O comissário nada me revelou sobre isso, senhor, apenas me libertou por ser evidente que nada de errado fiz. Não esperava que chegasse mais cedo em casa. Na verdade, eu estava aqui respirando um pouco mais este ar de liberdade, que só se dá o devido valor quando o perdemos, antes de ir ao seu encontro. Mas, como ainda é cedo para o almoço, creio que temos tempo para uma visita a Filomena.

– Preciso saber antes de Marie. Pascal não apareceu no escritório, como é de costume.

– *Madame* Suzette me informou que Marie foi até a casa do professor Chambot. Ontem ela me visitou e me disse que tinha muito que conversar com ele, sendo assim, creio que só chegará à hora da refeição – informou o alegre e falante Teofille.

– Oh! Fico mais aliviado. Então vamos ao hospital. Quero conversar pessoalmente com Filomena.

Tão logo os dois chegaram à rua, uma carruagem apareceu virando a esquina mais próxima e Teofille fez sinal para que viesse até eles. Philippe percebeu que Teofille estava mais cortês e sorridente do que o habitual, já que costumava ser reservado e muitas vezes até sisudo, mas atribuiu esta atitude à sua recente liberdade.

Assim que a carruagem deles virou a esquina, se distanciando, outro carro parou na frente da casa de Philippe e o jovem oficial, assistente do comissário Grénault, saltou, com o coração um tanto descompassado. No dia anterior havia visto novamente Marie de Barrineau e a impressão de que ela não era real persistia em seu pensamento. Portanto, a possibilidade de vê-la mais uma vez fustigava sua mente, e seu coração. Bateu com a aldrava na madeira da porta tão delicadamente que era impossível alguém ouvi-lo, a ponto do outro oficial que conduzia o carro se incomodar e gritar:

– Está com medo de arranhar a pintura da porta? Vamos, bata isso como um homem, porque não temos o dia todo.

Desta vez, *madame* Suzette abriu a porta e teve uma pequena surpresa ao vê-lo.

– Senhor Edmond! O que o traz até minha casa?

– Vim a pedido do comissário Grénault, senhora. Preciso falar com o senhor Philippe. Já estive em seu escritório, mas me informaram que ele havia vindo para cá.

– Mas aqui ele ainda não chegou, senhor. Posso saber do que se trata?

– Ah! sim. Sua criada, Filomena...

– O que aconteceu com Filomena? Ela está bem?

– Sim, senhora, está muito bem. Ela acordou melhor esta manhã e o médico chamou o comissário.

– Ah! Que grande alívio! Creio então que já falou que Teofille é inocente e ele poderá ser solto.

– Bem, acho que seria melhor este assunto ser tratado pelo comissário... bem...

– Fale-me, senhor Edmond. Vejo que está aflito! O que sabe?

– Ela reconheceu Teofille como o agressor, senhora. Ela confirmou que foi seu hóspede que tentou matá-la. Não creio que ele sairá de lá tão facilmente.

Capítulo 21

Paris, setembro de 1859.

Na manhã seguinte à conversa com o detetive Antoine, Philippe informou o comissário Pietri que havia descoberto o paradeiro do falso Allan Kardec, sobre o qual já havia uma denuncia feita por ele a pedido de Claude Bortelet, prefeito de Moulins. Na mesma manhã, um carro com três policiais circundou o *Place des Vosges* e parou no número 4, sendo que Philippe fez questão de alugar outra condução e seguir o grupo. Mesmo que fosse contratado pela vítima, gostaria de estar presente pensando em fiscalizar os policiais, muitas vezes violentos. Sabia que encontraria uma situação delicada, principalmente pelo estado de sua antiga amante. Também sabia da dificuldade que muitas pessoas contrárias ao regime de Luís Napoleão ainda enfrentavam. Aqueles que não foram banidos ou exilados precisavam viver uma vida marginal e muitos cometiam crimes maiores do que cometera Flammarion Duncert.

Como ele já esperava, ninguém atendeu a porta e um dos policiais, o maior e mais truculento, não teve dúvida em testar a resistência da fechadura, mas logo entendeu que a porta deveria estar trancada com alguma travessa pelo lado de dentro. Mesmo anunciando que era a polícia, não houve movimento, e os vizinhos que apareceram com o alarde policial logo se recolheram. Os que chegaram a ser inquiridos, apenas alegaram que não sabiam se havia alguém morando ali.

Quando um dos policiais voltou ao carro para apanhar um machado, repentinamente a porta se abriu e um menino apareceu na soleira.

– Onde está seu pai? – perguntou o policial mais truculento.

– Saiu pela manhã, senhor – respondeu o menino, sem demonstrar medo. – Não sabemos quando ele voltará.

– E para onde ele foi?

– Não sabemos, senhor. Saiu sem dizer para onde ia.

O policial ignorou o menino e, juntamente com os outros dois, entraram pela porta larga aberta em duas, sendo que Philippe foi atrás, subindo pela escada que levava ao piso superior, muito próximo a eles. Era uma bela casa, bem mobiliada e que denotava já ter tido seu período luxuoso, embora a aparente decadência pela qual passava. Por um corredor curto que saía da sala principal, o grupo chegou a um quarto e todos entraram quase ao mesmo tempo, como se houvesse alguma pressa ou urgência; como se o procurado estivesse ali esperando justamente o momento mais delicado para fugir. Obviamente não encontraram Flammarion, mas sim uma mulher grávida, sentada em uma poltrona e com aparência sofrida. Trajava um grande casado negro, que não conseguia esconder a barriga proeminente. Philippe a viu por trás do ombro de um dos policiais e os olhos de Françoise o encontraram da mesma maneira, como se a presença dele fosse bem mais significativa do que a da polícia.

O policial truculento voltou a perguntar onde estava Flammarion Duncert e Françoise repetiu o que o menino havia falado, sem mais comentários, e sem tirar os olhos de Philippe. A respiração dela estava pesada e grossas gotas de suor porejavam pelo seu rosto.

– Senhores – falou Philippe, adiantando-se –, obviamente não posso lhes dar ordens, mas, diante do estado desta senhora, sugiro que, ao invés de a interrogarem, procurem por um médico ou uma parteira.

Os três policiais ficaram um tanto atônitos com a proposta de Philippe e se entreolharam sem saber ao certo o que fazer.

– Não viemos aqui para isso, senhor – falou o truculento, ainda um pouco confuso.

– Então apenas cumpram o seu dever. Vasculhem a casa para poderem dizer ao comissário Pietri que não encontraram Flammarion Duncert e que será necessário manter uma vigia aqui, na possibilidade de que ele volte. Enquanto isso eu me encarrego de ajudar esta mulher.

Os outros dois policiais rapidamente começaram a cumprir o que Philippe havia proposto, de certa forma aliviados diante da situação incômoda, enquanto o truculento parecia ter um pouco mais de dificuldade em organizar o pensamento, mas, por fim, seguiu os companheiros, deixando Philippe a sós com Françoise.

– Quando deve nascer? – perguntou, tentando manter-se calmo.

– A qualquer momento – respondeu Françoise, agora olhando para as mãos que estavam pousadas sobre a barriga.

– Tem algum médico ou parteira preparado para isso?

– Um médico... mas não temos mais como pagá-lo... ele já tem vindo sem cobrar...

– Seu pai vai voltar?

– Com a polícia aqui? Claro que não...

– Onde está Henri? Se ele é o pai, deveria estar aqui.

Françoise olhou para Philippe e pareceu conter alguma palavra muito próxima dos lábios, que chegaram a se abrir, mas, após respirar mais fundo, conteve o impulso e somente deixou sobre ele um olhar pesado, magoado, rancoroso.

– Não sei onde está o senhor Henri Bautan. Não temos mais notícias dele – falou, por fim.

– Então mande chamar o médico que veio até aqui ontem.

– Já lhe disse que não tenho dinheiro para pagá-lo – falou Françoise, quase que num rosnado.

– E o que fizeram com o que tiraram do cofre de Claude Bortelet?

Um olhar de raiva foi a resposta de Françoise. Raiva misturada com gemidos contidos e respiração cada vez mais ofegante, o que fez com que Philippe saísse do quarto pensando mais uma vez em pedir para um dos policiais ajudá-lo a chamar um médico, mas, ao passar pela sala principal, viu o menino que havia aberto a porta encostado a um canto, como se quisesse ficar despercebido.

– Você sabe onde encontrar o médico que veio aqui ontem?

– Creio que sim.

– Então corra chamá-lo, e diga que sua Françoise está tendo a criança.

O menino ficou extático. Devia ter entre oito e dez anos, e tinha os olhos espertos e ligeiros, mas parecia não saber o que fazer. Então Philippe entendeu seu drama e completou:

– Eu pagarei as despesas. Agora vá.

Cerca de meia hora depois o menino voltou trazendo o doutor, que se apresentou a Philippe como Samuel Goldiak e prontamente começou a atender Françoise. Trouxe com ele uma parteira para auxiliá-lo, mas adiantou que seria um trabalho difícil, porque a criança estava mal posicionada, como já tinha avisado à mãe no dia anterior.

Philippe sentou-se na sala maior do apartamento para esperar, enquanto um policial mantinha guarda na entrada, na possibilidade da volta de Flammarion Duncert. O menino que havia trazido o médico sumira, e Philippe arrependeu-se de não ter pedido para que o policial o seguisse, pois, por certo, iria atrás de Duncert. Porém, encontrar Flammarion era o que menos preocupava Philippe. Uma onda de compaixão o assolava naquele momento, diante da antiga amante em evidente perigo de vida, pois os gemidos já se transformavam em gritos.

A tarde já ia a meio quando o médico o procurou, com o semblante abatido.
— O que aconteceu? — perguntou Philippe, diante do olhar de dúvida do doutor.
— Podemos perder mãe e filho se continuarmos tentando um parto normal.
— O que quer dizer com isso, meu caro? Sou advogado, não médico, e nunca fui pai.
— A criança não sairá e não consigo alcançá-la com a pinça ou o fórceps. Preciso criar outro caminho.
— Santo Deus! Poucas mães sobrevivem. — falou Philippe, sabendo o que isso significava
— Não tão poucas, senhor. Embora a medicina não queira aceitar, nós, os judeus, já usamos esta técnica com relativo sucesso há bastante tempo.[25]
— Não podemos tomar esta decisão sem o pai da grávida presente ou sem o pai da criança.
— Mas ambos aqui não se encontram, senhor.
— E que outra opção temos? — perguntou Philippe, mais por um ímpeto vindo da sua profissão do que por necessidade mesmo de saber se havia outra opção, já que, se houvesse, obviamente o médico já lhe haveria apresentado.
— Podemos deixar para a mãe decidir, enquanto está consciente. Do contrário, se ela desmaiar, serei eu que tomarei a decisão, desde que o senhor testemunhe a meu favor.
— E já perguntou o que ela prefere?
— Ela preferiu chamá-lo, senhor. Antes de eu usar mais clorofórmio,[26] é possível conversarem.
Philippe permaneceu extático por alguns segundos, com os olhos fixos no rosto magro e miúdo do médico, onde a boca

---

[25] A história do nascimento (parte 1): cesariana. (http://files.bvs.br/upload/S/0100-7254/2010/v38n9/a481-486.pdf).
[26] O clorofórmio foi descoberto em 1831 e amplamente usado como anestésico em partos e cirurgias no século XIX. (Nota do autor).

quase não aparecia no meio da barba grisalha, e os olhos negros brilhavam com alguma angústia.
– Quanto tempo temos para decidir? – perguntou, por fim.
– Como posso lhe dizer isso? A criança está em sofrimento. Se nada fizermos talvez a mãe se salve, mas...
Philippe deixou o médico na sala e foi para o quarto. O quadro que viu tocou definitivamente o seu coração. Françoise estava tão pálida que seu rosto quase se confundia com o branco dos lençóis, totalmente encharcados de seu suor. Seu sofrimento feria a alma do antigo amante. Tão logo ele chegou ao lado da cama, ela abriu os olhos e sorriu. Depois, como se precisasse de toda sua força para um pequeno gesto, fez sinal com a mão para que ele chegasse mais perto. Como a aproximação de Philippe não foi suficiente, ela tocou os lábios e os ouvidos com o indicador, como se quisesse contar a ele um segredo. Então Philippe quase encostou o ouvido na sua boca, e ouviu:
– Philippe, meu querido, eu o perdoo por ter me abandonado... nunca deixei de amá-lo... sua frieza jamais foi capaz de apagar o fogo da minha paixão... mas, se antes já não tinha nada de bom para lhe oferecer, para que pudesse pensar em ficar comigo, o que teria eu agora? Não tenho mais nada para dar a você, mas talvez possa dar algo de bom ao mundo, ainda... Então, por favor, salve minha filha...
– Como pode saber que é uma filha? – balbuciou Philippe.
– Eu sei... pelo menos isso não queira discutir... Eu sei... Os espíritos que falam através de mim me contaram. Por que me mentiriam?
– Mas você ainda é jovem, pode ter uma vida longa pela frente e ter outros filhos.
– Eu vou morrer... eu sei que vou morrer... mas sou mãe... e o que uma mãe não faria? Por favor, meu querido, a única coisa que posso dar a ela...
– Cale-se, Françoise! Como pode querer que eu tome esta decisão?

– O médico já me disse que pode abrir minha barriga e salvá-la... Ele acha que pode me salvar também... Não importa... Mas ele quer que mais alguém decida... Tem medo... Tome, pegue isso – falou Françoise, puxando por uma corrente muito fina no pescoço, até que uma pequena chave aparecesse...
– O que é isso?
– 13 – 67 – 13 – 19 – 43 – 58 ... Embaixo da madona... Descubra você mesmo porque esta criança precisa viver... Se não acredita nas minhas palavras, vai acreditar no que escrevi – falou François num suspiro, quase como se já estivesse delirando, mas Philippe entendeu o que era aquilo, por isso pediu que ela fizesse mais um esforço e repetisse os números, para que ele pudesse anotar em sua caderneta.

Um minuto depois, Philippe afastou a estátua da virgem que encimava um antigo móvel de madeira escura que ficava em um canto da sala, logo atrás da mesa de jantar, e parecia ter, originalmente, a função de aparador. Era um móvel quadrado e robusto, com duas portas decoradas com entalhes. A tampa do móvel sob a estátua era feita de pedaços menores de madeira também entalhada, com figuras sacras em baixo relevo. Com a ponta das unhas ele percebeu que um dos pedaços de madeira, embora muito bem ajustado, podia ser movido, o que fez usando uma faca que apanhou na cozinha. Então descobriu a fechadura, onde a chave que Françoise lhe dera se ajustava com precisão.

Philippe já havia aberto as duas portas dianteiras, que não estavam trancadas e, no seu interior, só havia louças usadas em refeições. Não havia espaço para um cofre sobre a tampa, como esperava encontrar. Também já havia tentado mover o móvel do lugar, mas descobrira que ele parecia ser fixado à parede. Um tanto ansioso, girou a chave, mas ouviu apenas um som bastante discreto, como se uma engrenagem qualquer tivesse destravado. Então, fez força puxando o móvel e percebeu que agora ele se afastava da parede, embora fosse bastante pesado.

Atrás do móvel, encontrou a porta de um cofre. Ao lado do cofre havia uma barra de ferro denteada saindo da parede que deveria ser a trava que prendia o móvel a esta. Philippe logo abriu o cofre, usando os números que Françoise havia passado, sendo que a sequência era invertida entre esquerda e direita para cada número, como já imaginava. Dentro dele havia uma volumosa carteira de couro e um pacote ainda maior, envolto por papel e amarrado com barbante, que chamou muito a atenção de Philippe. Nele estava escrito em letras garrafais: *LIBERTÉ*. Logo abaixo, em letras normais, estava escrito: para *Hippolyte Léon Denizard Rivail*.

"Por que um pacote destinado a Allan Kardec estaria no cofre do falso Allan Kardec?", perguntou-se Philippe, mas não tinha tempo para assuntos paralelos. Retirou o pacote e a carteira de couro e viu que no fundo do cofre havia um envelope. Apanhou-o e, para sua ainda maior surpresa, seu nome estava escrito na frente. Não havia mais nada dentro do cofre, por isso o fechou e recolocou o móvel em seu lugar, que voltou a ficar extático, fazendo a chave girar na fechadura e produzindo o mesmo ruído que antes Philippe havia ouvido.

Em pé mesmo, usando o estranho móvel como apoio, Philippe abriu o envelope e tirou dele uma folha de papel fino onde estava escrito.

Paris, 2 de março de 1859
Meu amado Philippe
Jamais deixarei de amá-lo, por mais que hoje você me despreze. No mesmo dia em que percebi que carregava em mim outra vida, também entendi que morreria quando minha filha nascesse. Sim, uma filha. Os espíritos que através de mim sempre falaram, não teriam motivos para me enganar. Eles estão tristes porque gostam de mim e, como já falaram muitas vezes, a vida aqui é muito melhor que lá, onde vivem apenas esperando a hora de retornarem. Mas me falaram também que não

demorarei a voltar, por isso, mesmo sabendo que talvez não o veja mais nesta jornada, deixarei a você um presente, que espero não se negue a recebê-lo, já que é fruto do amor mais puro que tive nesta tortuosa vida. Espero que meu pai cumpra sua promessa e entregue a você esta carta juntamente com a filha que geramos em nosso último encontro. E não ouse pensar que ela pode ser de outra pessoa, porque, desde que o conheci, mais nenhum homem esteve comigo.
Sua eterna amante
Françoise

As pernas de Philippe bambearam e ele precisou sentar-se rapidamente. Em nenhum momento havia pensado nesta possibilidade, mas o tempo que havia decorrido desde o *réveillon* confirmava que aquilo poderia ser mesmo verdade. Além do mais, por que mentiria se a carta era para ser entregue somente depois da criança nascida?

O médico estava novamente à sua frente e esperava por sua decisão. Na ausência do pai ou do marido, Philippe era o único que poderia testemunhar que ele fizera de tudo para salvar os dois. Mas agora o pai não estava mais ausente. Philippe era o pai e tinha o dever de decidir. Ainda assim, perguntou, mais uma vez:

– Qual a chance de eles sobreviverem com a cirurgia?

– Já salvei algumas crianças e mães em situações parecidas, meu senhor, mas só posso lhe afirmar que, se não fizermos nada, talvez as duas vidas se percam.

Abruptamente Philippe levantou do sofá e falou para o médico:

– Espere-me somente mais um pouco, preciso ouvir um amigo antes de decidir.

– Mas, senhor...

– Por favor, serei o mais breve possível, apenas mantenha-a sedada.

Philippe correu para a rua e logo viu que havia alguns carros de aluguel parados na praça, para sua sorte. Entrou no primeiro que alcançou e, como o cocheiro viu sua evidente pressa, antes colocou o carro em movimento, para depois perguntar:

– Para onde vamos, senhor?

– Número *8, rue des Martys*, o mais rápido que puder.

Capítulo 22

Paris, setembro de 1859.

Philippe desceu do mesmo carro que o levou à *rue des Martys* cerca de uma hora depois. Embora rápida, fora profunda e significativa sua conversa com o mestre, que tantas vezes já o havia aconselhado, embora sobre outros assuntos. Sempre sereno e racional, e entendendo a situação aflitiva e urgente, após ouvir todo o relato do que vinha acontecendo, não perdeu tempo em divagações ou curiosidades inúteis, tampouco em julgamentos morais sobre o amigo. Chamou Philippe para seu pequeno escritório de trabalho e fez com que sentasse.

– Vejamos o que os nossos irmãos da espiritualidade já nos falaram, meu amigo. Abra *O livro dos espíritos* na pergunta 359 e teremos a resposta – falou serenamente Kardec.

– Confesso que não dei a devida atenção a este assunto quando o li. Realmente, só nos interessamos quando a dor nos alcança – falou Philippe, puxando para si um dos exemplares que estava sobre a mesa e lendo, em seguida, a pergunta indicada.

359. Dado o caso que o nascimento da criança pusesse em perigo a vida da mãe dela, haverá crime em sacrificar-se a primeira para salvar a segunda?

Preferível é se sacrifique o ser que ainda não existe a sacrificar-se o que já existe.

– E o que meu amigo depreende desta resposta? – perguntou Kardec, após um breve momento em que deixou que Philippe refletisse.

– Que devo salvar Françoise, já que a criança ainda não nasceu, porém o desejo da mãe é o contrário. Continuo sem saber o que fazer, meu amigo.

– Os suicidas desejam a morte, mas isso não quer dizer que eles estejam certos – falou Kardec, serenamente, e Philippe logo entendeu a extensão do seu pensamento. Ficou olhando para o mestre por alguns segundos e era nítido o fervilhar de seu pensamento, em seguida falou:

– Em primeiro lugar a vida da mãe, porque ela, tomada de rancor, pode estar descrente da vida ou, tomada de amor, pode estar se deixando morrer para salvar a filha.

– É uma decisão muito difícil, meu caro Philippe. Sempre é difícil julgar e decidir. Creio mesmo que, se *O livro dos espíritos* tivesse o poder de dar todas as respostas e ainda mais, tomar as decisões pelas pessoas, estaria tolhendo-lhes o livre arbítrio. O que ele faz é ser um guia, sem que os méritos escapem de quem o lê e aprende.

– A minha consciência ficará menos abalada se eu permitir que a natureza siga seu curso – falou Philippe, segurando o braço de Kardec e pousando nele um olhar agradecido. – Caso a mãe esteja em perigo de vida, faremos a cirurgia para salvá-la, do contrário, ela sobreviverá no lugar da criança.[27]

Foi com esse pensamento que Philippe subiu a escada que levava ao apartamento onde o médico o esperava. Havia deixado com Denizard o pacote que a ele era endereçado e que encontrara no cofre, mesmo que o amigo lhe confirmasse que

[27] Na época, o índice de sucesso das cesarianas era muito pequeno em relação à sobrevivência da mãe. As técnicas de incisão ainda eram precárias e a sutura, para estes casos, só começou a ser usada sistematicamente *a posteriori*. Ressalte-se que não havia nenhum controle séptico, sendo que a morte por infecção era corriqueira. (Nota do autor, tomando por base o site http://www.societe-histoire-naissance.fr/spip.php?article2)

era o mesmo material que já havia recusado uma vez, vindo de Henri Bautan. Porém, ciente da aflição de Philippe, entendeu que este tinha assuntos bem mais sérios a resolver.

Assim que Philippe entrou pela sala, escutou os vagidos de uma criança e seu coração descompassou-se. Quando entrou no quarto, o que viu foi ainda mais assustador: o médico havia aberto a barriga da mãe e agora a enfermeira enrolava uma criança em fraudas para limpá-la e aquecê-la e, na cabeceira da cama, com um olhar de rancor desesperado para ele, estava Flammarion Duncert. O longo cabelo estava amarrado atrás da nuca, sendo que o rosto ostentava uma barba espessa, mesmo assim ainda havia muita semelhança entre ele e Kardec.

A princípio, Philippe entendeu que a decisão da cirurgia fora tomada pelo pai de Françoise, mas logo o médico postou-se à sua frente e falou:

– Lamento, senhor, só pude salvar a criança... A mãe...
– O quê? O que está me dizendo? O que aconteceu com ela? – perguntou Philippe, atônito.
– Você a matou! – gritou Flammarion, saindo de sua letargia e avançando na direção de Philippe, sendo que um dos guardas que estava ao lado da porta e que Philippe, na sua agonia, nem havia percebido, impediu que o alcançasse. O outro guarda, ao ouvir os gritos, logo entrou no quarto e ajudou a conter o enfurecido pai.

– Eu havia decidido salvá-la! Fui buscar a orientação de um amigo e ele me ajudou a decidir pela mãe – protestou Philippe, sem tirar os olhos de Françoise, estendida e agora sem vida sobre a cama, toda manchada de sangue.

– Você a matou... a matou! Se tivesse autorizado o médico a tempo, ela estaria viva.

– Não era somente esta a decisão que me cabia. Françoise queria que a filha vivesse e ela morresse... Eu queria salvá-la...

– Você vai morrer, senhor Philippe de Barrineau! Vai morrer! Não bastou abandonar minha filha em um momento tão delicado e agora permitiu que ela morresse. Usou-a a seu bel prazer e depois dispensou-a como não se faz nem com um animal. Vai morrer! Bastará meu ódio... bastará meu ódio para matá-lo! – gritou Flammarion, totalmente desatinado, enquanto os dois policiais o levavam para fora do quarto.

A criança havia parado de chorar e a parteira olhava para Philippe, como se já esperasse alguma decisão, enquanto o médico cobria o corpo de Françoise com os lençóis e falava:

– Demoramos demais, meu senhor, demoramos demais! O senhor sabe quem ficará responsável pela criança? O senhor sabe quem ficará responsável pelo enterro?

Sem saber o que responder, Philippe foi para a sala e, da janela que dava para a rua, ainda viu Flammarion Duncert, algemado, sendo colocado no carro da polícia para ser levado. Sua consciência em desequilíbrio deixava-o aturdido e quase sem reação. Ao voltar-se para o interior da sala, encontrou o menino que havia buscado o médico e o olhar dele também era de ódio. Philippe assustou-se. Como podia uma criança poder expressar com os olhos tamanha mágoa?

Antes que pudesse falar qualquer coisa, o menino saiu correndo pela porta e Philippe ainda pôde vê-lo atravessando a praça, até desaparecer. Ainda calado, ouviu o médico lhe dizer que a polícia levaria o corpo de Françoise para as irmãs do *Hôpital Hôtel Dieu*, assim como a criança também seria levada para lá, até que seu futuro fosse decidido.

A princípio Philippe não entendeu porque o médico estava parado à sua frente, no meio da sala, mas depois lembrou que havia ficado de pagar-lhe pelos serviços, o que fez prontamente, sendo que foi bastante generoso, pagando bem além do que o médico havia lhe pedido. Assim que recebeu por seu trabalho, e um tanto embevecido pela generosidade do cliente, doutor Samuel lhe falou:

– Creio ser melhor o senhor voltar para seu hotel e descansar. A vida escapa das nossas mãos quando menos esperamos, mas nós, os médicos, estamos mais acostumados com isso. Percebo que ficou muito abalado, mas nada mais pode ser feito. Tomarei as medidas necessárias, o senhor não está em condições de fazê-lo.

O médico falava coçando a espessa barba e foi fácil para Philippe perceber sua mudança após o generoso pagamento. Quantas vezes talvez tivesse atendido Françoise sem receber e estava ali fazendo seu trabalho, sem ter certeza se receberia realmente? Era óbvio que Flammarion Duncert não o havia pagado devidamente das outras vezes que viera e a consciência de Philippe sentiu um aperto ainda maior do nó da culpa. A difícil situação econômica da família vinha de encontro com o argumento do detetive, segundo o qual Flammarion somente aceitara lesar o prefeito de Moulins devido ao desespero. Foi um pensamento rápido e Philippe logo o afastou, tentando voltar à realidade. Antes que o médico saísse, perguntou:

– É um menino ou uma menina, doutor?

– É uma menina, senhor, como a mãe havia previsto. E nasceu bastante saudável.

Capítulo 23

Paris, setembro de 1859.

Era alta madrugada e Philippe estava sentado na poltrona ao lado de sua cama, no quarto do *Hôtel Maurice*. Em suas mãos estava a carta de Françoise e ele já havia perdido a conta de quantas vezes a lera. Ele era pai! Repentinamente, ele era pai e não tinha nenhuma preparação para isso, quanto mais naquela situação. E agora? O último encontro que teve com Françoise fora no começo de março, quando ela quase destruiu o quarto do hotel e ele já estava apaixonado por Suzette. Naquela época não tinha como saber se ela estava grávida. Talvez nem ela soubesse. Mesmo que tudo tenha acontecido de fato no *réveillon*, antes de ele começar seu relacionamento com Suzett, como contaria a verdade? Sabia que tudo acontecera antes de começar seu romance com ela, mas como lidar com esta situação? O que fazer com aquela criança que estava agora sozinha e praticamente sem família no *Hôpital Hôtel-Dieu*? Não tinha quase nenhuma informação da família de Françoise, tanto que somente agora soube que era filha de Flammarion Duncert. Mesmo assim, sabia que logo pela manhã precisaria tomar uma decisão, porque jamais fora uma pessoa dada a qualquer tipo de procrastinação, mas estava realmente em dúvida de qual caminho a seguir. Como nunca, sentia o quanto são difíceis os julgamentos e decisões morais.

O que seu amigo Denizard lhe aconselharia? Chegou a pensar em procurá-lo ainda de madrugada, pois sabia que o mestre costumava acordar muito cedo, antes das 5h00, para dar conta de todas as suas atividades, mas seria justo? A carga de trabalho daquele homem já era tão grande, ainda mais que trabalhava indiferente a qualquer remuneração material, pensando apenas no bem comum, sem priorizar o seu próprio. Não, este era um assunto que ele teria que dar conta sozinho, e já bastava o exemplo de desprendimento dado pelo amigo.

Um traço de sono pesou sobre seus olhos e pensou que seria melhor dormir um pouco para tomar as decisões que eram urgentes livre do cansaço. Por isso, logo se dirigiu para a cama para aproveitar as poucas horas de sono que ainda poderia ter. Porém, assim que deitou, olhou para o lado e viu, na mesa de cabeceira, a carteira de couro que havia tirado do cofre onde encontrara a carta de Françoise. Passara o dia dentro do casaco e a colocara ali quando chegara ao hotel. Havia apanhado a carteira quase que num impulso de momento, pois não tinha o direito a essa apropriação. No momento inicial, pensou em averiguar se a joia lamentada por Claude Bortelet poderia estar ali, embora isso fosse pouco provável. No entanto, os fatos que se encadearam depois que leu a carta foram tão turbulentos que ele realmente não se preocupou mais com ela, mantendo-a esquecida até aquele momento. O que faria também com aquilo? Mais uma decisão a ser tomada.

Como estava ali com ele, julgou que poderia fazer uma avaliação idônea do seu conteúdo antes de entrega-la à polícia, ou mesmo tentar devolver ao cofre, se isso fosse possível. Pensando assim, sentou-se novamente na cama e abriu o fecho de metal que travava a aba mais externa e logo encontrou um maço de documentos amarrados, além de uma caixa quadrada e fina, forrada em veludo negro e que era responsável pela carteira ser tão volumosa. Sentiu um arrepio lhe percorrendo, porque parecia ser uma caixa de joia e logo se lembrou do prefeito de Moulins. Não hesitou em abri-la e ficou ainda mais estupefato com o seu conteúdo: era um extraordinário colar de safiras e diamantes, com as pedras montadas em ouro e platina. Então aquela era *La Dame Bleue*? Merecia o nome, sem dúvida. Philippe era um admirador de joias e costumava investir algum dinheiro nelas, mas não conseguia nem imaginar o valor monetário daquela que tinha em mãos. Só podia ser a joia da família de Claude Bortelet e, muito provavelmente, os ladrões não conseguiram transformá-la em dinheiro, pela dificuldade em encontrar um comprador de uma peça de tão alto valor, clandestinamente.

Philippe devolveu a joia ao seu estojo e apanhou da carteira o maço de papeis, amarrados que estavam com um barbante. Desfez o nó e virou um envelope onde estava escrito: *para minha amada Elèonore*. Não estava lacrado e não havia remetente, mas Philippe sabia que a jovem pela qual Henri Bautan se apaixonara em Moulins chamava-se Elèonore, e aquela era a caligrafia de Henri. Então ali havia documentos pessoais do antigo amigo? Será que algum papel daqueles poderia dizer onde este se encontrava? Começou a folhear o maço de papeis um tanto displicentemente, pois pareciam não ter interesse pelo fato de nada dizerem diretamente de Henri, até que encontrou outro envelope menor e nele estava escrito: *Les Lucioles*.[28]

Mais uma vez ficou arrepiado. Havia ouvido falar do grupo chamado Os Vagalumes, que se uniam secretamente para tramar contra Napoleão III. Usavam este nome porque sabiam que eram pequenos diante do poder do império, mas pretendiam levar ligeiros pontos de luz na escuridão do regime vigente. No entanto, pelo que sabia, estavam mais interessados em aterrorizar do que espalhar luz, distribuir dor ao invés de esperança. Lembrava que Henri havia conversado com ele algumas vezes sobre o grupo, mas jamais imaginou que o então amigo poderia ter alguma ligação com eles. Sabia que foram

---
[28] Os Vagalumes.

caçados pela polícia e vários de seus membros apanhados e expulsos do país por conspiração, quando não desapareceram, subitamente. Então deu mais valor aos demais documentos e, o que achou, agora muito atento a cada um, foi assustador.

O sono havia passado totalmente e o dia encontrou Philippe de olhos extasiados, lendo e decifrando documento a documento que ali se encontravam. Listas, planos, dias, horários e, principalmente, nomes e assinaturas que poderiam realmente colocar a política do país abaixo. Traidores que se disfarçavam de amigos do regime, prontos a atacar a qualquer momento, ou quando fossem chamados.

Em uma carta de Flammarion Duncert a um tal de Jeremias, havia uma lista de cidades com nomes ligados a elas. No final da lista havia um comentário de Flammarion:

Mon cher Jérémie, la lumière de la liberté viendra à vos paysans et ceux qui sont contraires serons morts. Attendre le signal.[29]

Jeremias! Philippe sabia que o pai de Henri se chamava Jeremias. Lembrava que Henri se referia ao pai como o profeta Jeremias do antigo testamento, considerado um camponês. Havia outras menções a este Jeremias, que parecia ser um líder. O que significava toda aquela trama que ele tinha em mãos? Jamais Philippe poderia imaginar que nomes tão importantes, quanto improváveis, estariam ligados ao grupo. Aqueles documentos condenariam nomes de vulto que faziam parte do atual governo e lutaram por ele, mas que, segundo o que ali constava, na surdina tramavam contra o imperador. Aqueles documentos eram devastadores!

Pensando em diminuir um pouco a estupefação que o tomara, Philippe leu também a carta de Henri para Elèonore, mas a estupefação apenas aumentou. Havia sido escrita há muito tempo, mais de dez anos, mas possivelmente era a original e não uma cópia. Desta forma, provavelmente nunca fora manda-

---

[29] Meu caro Jeremias, a luz da liberdade chegará também aos seus camponeses e morrerão os que forem contra ela. Espere o sinal.

da, pois ela continha revelações assustadoras, que certamente mudariam o destino de Elèonore, e não pareciam ser mentiras. Philippe estava ainda mais perplexo. Depois de tudo que lera naqueles papeis, entendia que, por mais improvável que pudesse parecer, tinha agora assuntos muito mais complicados para decidir do que o problema de repentinamente ter uma filha fora do seu casamento, com uma antiga amante que já havia falecido. A filha chegou a parecer até um assunto fácil de ser resolvido diante de tudo. Até mesmo sobre aquele magnífico colar não sabia mais o que fazer, já que, depois de tudo que descobrira na carta de Henri e nos documentos, jamais Claude Bortelet poderia ter direito sobre ele.

Às oito da manhã, Philippe já havia tomado um rápido desjejum e seguia para a agência de telégrafo, onde enviaria uma mensagem para o pai, depois iria à delegacia tomar as providências sobre Flammarion Duncert. Carregava consigo um documento, devidamente selecionado, que certamente o levaria a ser deportado, o que, aos olhos de Philippe, era a melhor situação para todos naquele momento, já que Flammarion, ao lado de Jeremias, parecia ser o principal organizador dos Vagalumes. A acusação de furto e falsificação de identidade feita por Claude Bortelet poderia levá-lo para a prisão por um tempo ou ao pagamento de uma multa, caso pudesse pagar, mas aquele documento, cuidadosamente separado por Philippe, afastaria do país uma pessoa que significava muitos problemas, e não só para ele. Alguns dos nomes envolvidos causavam mais dúvidas do que certezas em Philippe, pois poderiam ser aliados ou vítimas. Embora muitos nomes importantes aparecessem como membros efetivos do grupo, seria perigoso levantar este véu, pois ficaria marcado por pessoas poderosas demais para que qualquer punição vingativa não respingasse sobre ele. Então era melhor esperar, e ficar atento.

Ainda pela manhã, Philippe também resolveria a situação do enterro de Françoise e começaria a regularizar a paternidade da filha, que tão inesperadamente surgira em sua vida. E, depois de todas as formalidades resolvidas, no começo da tarde se encontraria com o detetive Antoine Giroud, já que, agora mais do que nunca, precisava encontrar Henri Bautan.

Embora tudo o que tinha para fazer, foi com muita impaciência que esperou até o final da tarde do dia seguinte para que seu pai e Suzette chegassem. Sabia que seu pai não deixaria de atender a seu pedido, mas também sabia que eles deveriam estar impacientes, afinal, qual motivo seria tão urgente para que fossem chamados a Paris, sem maiores explicações? Tão logo o mensageiro do hotel bateu à porta para avisar da chegada do pai e da esposa, pediu ao mesmo que os trouxessem até seu quarto. Em seguida, foi ao quarto vizinho e apanhou a recém-nascida dos braços da ama que contratara e voltou para o seu. Quando Denis de Barrineau e Suzette entraram, ele os esperava com a criança no colo, enrolada em delicados cueiros e cobertores brancos e rosas. Suzette foi a primeira a aproximar-se e, depois de olhar para a criança, olhou demoradamente para Philippe, que parecia não encontrar palavras para dizer o que significava aquilo. Quando ele abriu a boca para falar, a criança emitiu um pequeno esgar e abriu os olhos, olhando para ele. A única coisa que Philippe conseguiu falar foi:

– A mãe morreu ontem ao dar a luz. O médico tentou salvá-la, mas não conseguiu...

As emoções concentradas daqueles dias subitamente romperam as barreiras que Philippe tinha imposto a elas e explodiram nos olhos e nas palavras do jovem advogado. Uma torrente de lágrimas vasaram de seus olhos e os soluços embargaram sua voz, enquanto Suzette continuava olhando-o sem conseguir entender, embora parecesse se esforçar para isso. Foi o senhor Denis que se aproximou e colocou a mão no ombro do filho, para depois perguntar, já entendendo a situação:

– Você sabia?

– Não, eu não sabia. Estive aqui no *réveillon* e nunca mais a vi, nem tive notícias dela, a mãe. Eu juro que não sabia! – Ao terminar de falar Philippe, tentou recompor sua dignidade, embora sua voz ainda tremesse e seu rosto estivesse molhado de lágrimas. Só então Suzette entendeu e, num reflexo, colocou as mãos sobre a boca e seus olhos também, imediatamente, se encheram de lágrimas. Quase que num reflexo, apanhou a criança dos braços do marido e foi na direção da janela, onde a luz baça do entardecer mostrava o rio e a cidade que começava a se iluminar. A cidade luz começava a se preparar para a noite. Philippe veio até Suzette e, delicadamente, pousou as mãos nos seus ombros, depois falou:
– Perdão, Suzette... perdão, eu...
– Veja, Philippe – falou Suzette, como se não se importasse com o que ele ia falar. – Veja, a cidade começa a se iluminar. Veja como é linda a luz vencendo a sombra. É como o sol que toda manhã espanta as sombras da noite. O ser humano também pode fazer a luz vencer a sombra, você não acha? Aqui em Paris isso é tão evidente! Atitudes corajosas de bondade também são como a luz que vence as sombras da maldade. Eu creio, Philippe, que agora temos um sol em nossas vidas, e ele espantará todas as sombras – terminou de falar Suzette, carinhosamente encostando o rosto da criança ao seu, tomada de emoção e ternura.

Philippe abraçou a esposa e a filha, e seu pai os abraçou a todos. A noite caía lá fora, e a luz do amor que naquele momento jorrava do quarto de Philippe parecia ser muito mais forte do que a luz de toda a cidade.

Capítulo 24

Angers, 09 de abril de 1876.

Pascal demorou bastante tempo para entender o que estava acontecendo. Em um primeiro momento chegou a pensar que havia tido um pesadelo, onde fora atacado por um homem mais baixo do que ele, mas que, devido à surpresa, conseguira acertar sua cabeça com força, usando um porrete de madeira. Em seguida pensou que fora a dor de cabeça que estava sentindo que induzira ele a ter um sonho tão exótico. Somente quando sentiu o cheiro da terra onde seu nariz estava encostado é que começou a entender que havia alguma coisa realmente errada. Então tentou se mexer e a dor na cabeça aumentou ainda mais, mesmo assim, como começava a recobrar a memória do que lhe havia acontecido, ficou subitamente aflito e abriu os olhos, tentando ficar em pé. Descobriu que não seria assim, tão fácil. Sua visão estava turva e o mundo, mesmo turvo, balançava aos seus pés. Sem conseguir coordenar os movimentos, voltou a cair e tudo ficou escuro novamente.

Quando abriu os olhos outra vez, o mundo continuava escuro, mas percebeu que a cabeça doía bem menos. Logo entendeu que o mundo estava escuro porque a noite caíra e o rápido domínio da memória o fez pular, conseguindo agora ficar em pé. Lembrou onde estava. Lembrou que havia entrado no mato próximo à casa do professor Chambot, porque Marie demorava e não queria incomodá-la, e que havia sido atacado. A pancada que recebera poderia ter tirado sua vida. Um assalto? Um bandido qualquer, ou alguém que tinha algum interesse em Marie, motivo pelo qual o senhor Philippe havia pedido para protegê-la?

Saiu do mato e foi até a casa do professor e, aflito, bateu várias vezes à porta, mas não foi atendido e temeu pela vida, tanto de Marie, quanto de Chambot, já que não estava ali para protegê-los, como era sua missão. E agora? O que diria ao senhor Philippe?

Mesmo ainda sentindo um pouco de confusão, começou a correr pela estrada, voltando para a cidade. Nuvens pesadas e baixas deixavam a noite ainda mais escura. No lugar onde fora atingido havia um grande calombo, e seu rosto e pescoço estavam cobertos por grossas escaras de sangue coagulado. O fato de não encontrar pessoas pelas ruas, quando entrou na cidade, lhe dizia que já era madrugada. Quando se aproximou da casa do senhor Philippe, viu que as luzes estavam acesas e havia uma carruagem parada na frente. Tão logo passou pelo portão, dois policiais, que cochilavam nos degraus da escada que levava à porta de entrada pularam assustados e gritaram para que parasse e dissesse quem estava ali.

– Eu sou Pascal, trabalho para o senhor Philippe.

– Você é o cocheiro? – perguntou um dos guardas, mas Pascal não teve tempo de responder, porque a senhora Suzette abriu a porta e, ao mesmo tempo em que o reconheceu, assustou-se com seu estado.

– Diga-me que *mademoiselle* Marie está em casa e que está tudo bem – falou Pascal, sem nenhuma formalidade, mas sabendo que as evidências já respondiam por sua pergunta.

– Oh! Pascal! Vê-lo neste estado me desespera ainda mais. O que aconteceu? Por favor, acho que só você pode agora nos esclarecer de alguma coisa. Marie e Philippe sumiram... Meu

Deus! Eles sumiram Pascal, sumiram. Por favor, diga-me o que aconteceu?

O mundo voltou a rodar e Pascal precisou sentar no degrau da escada, sentindo o esgotamento pelo esforço que fez para chegar à casa do senhor Philippe. Então haviam levado o pai e a filha, e ele não conseguira proteger ninguém. A senhora Suzette sentou ao seu lado e colocou a mão em seu ombro, tentando conter os soluços, e Pascal, entendendo sua agonia, se apressou em falar:

– Fui atacado de surpresa, ainda pela manhã, senhora. Creio que o bandido pensou que eu estava morto. Eu estava perto da casa do professor Chambot e Marie estava com ele, dentro da casa. Quando acordei, já era noite. Ainda tentei acordar o professor, mas ele não me atendeu.

– A polícia já esteve lá e não o encontrou também. Tememos que tenha sido levado com Marie, pois ninguém o viu na cidade.

– Mas e o senhor Philippe?

– Saiu do escritório pela manhã para vir para casa, mas não foi mais visto.

– Santo Deus! – foi o que pôde falar Pascal, colocando a cabeça entre as mãos.

– Estamos esperando que alguém faça algum contato, se pensam em receber alguma coisa em troca deles. Na verdade, é minha esperança.

– Eles não têm inimigos, senhora Suzette. Qual outro motivo para fazerem isso, senão dinheiro?

– A polícia está fazendo o possível e parece que a cidade toda já está sabendo o que aconteceu, então, só podemos esperar – falou Suzette, depois de uma breve reflexão sobre seu marido não ter inimigos. Ela não sabia muito, porque Philippe sempre a poupou de maiores preocupações, porém, sabia que havia motivo de sobra para se preocupar.

– E Filomena? – perguntou Pascal, rapidamente arrependendo-se, porque estava tratando a senhora com excesso de informalidade. Prontamente colocou-se em pé, mesmo que o mundo ainda parecesse girar, e depois completou: – A senhora tem notícias de Filomena?

– Oh! Você ainda não sabe? – perguntou Suzette, ainda sentada, sem se incomodar com qualquer formalidade. – Ela se recuperou bastante durante a noite passada e, pela manhã, reconheceu Teofille como seu agressor...

– Mas... – balbuciou Pascal, atônito, porém, não completou o pensamento, e sua expressão demonstrava que segurara as palavras no último instante.

– Você sabe alguma coisa, Pascal? Você era amigo de Filomena, por favor!

Diante daquele olhar de súplica da mãe de Marie, que, embora nada tivesse de parecida com a filha, o ligava com tanta ternura ao seu amor desvairado por ela, Pascal respondeu:

– Eles estavam se encontrando, senhora.

– O quê? – perguntou Suzette, ficando em pé num impulso, chegando a assustar Pascal e os guardas que estavam ao lado da carruagem. – O que está me dizendo? Como eu não percebi nada? Na minha própria casa? Como Filomena se prestou a isso?

– Senhora, talvez eu esteja sendo precipitado, pois nada vi de concreto. O que vi foi o senhor Teofille entrando no quarto de Filomena tomado de alguma preocupação em ser discreto; e também Filomena entrando no quarto dele, com os mesmos cuidados.

– O comissário chegou a me questionar sobre isso, mas nosso hóspede se mostrou sempre tão cortês, tão comedido e honesto! Como pode? Além do mais, este fato apenas nos confunde ao invés de esclarecer.

– Parece que estamos navegando em águas perigosas, senhora, como as do Loire. Parece que há bancos de areia que não vemos – falou Pascal, causando estranheza em Suzette, pois nunca o vira falando em metáforas.

– Tem razão, mas venha, Pascal, por favor, precisamos fazer um curativo nessa ferida.
– Oh! Não, senhora, vou para minha casa. Meus avós devem estar preocupados.
– Eles estão aqui, Pascal. Estão na cozinha e creio que o cansaço os fez dormir, senão teriam vindo até aqui. Agora venha, vamos cuidar de você.

Não demorou para que o dia amanhecesse. Pascal havia dormido em um canto da cozinha e sua avó, agora aliviada com a presença do neto, embora a tristeza pelo desaparecimento do senhor Philippe e Marie, começava a preparar uma refeição matinal, enquanto Suzette permanecia em pé, à frente de uma das janelas da sala que dava para a rua, com a impressão de que o marido, de braços com a filha, chegaria a qualquer momento.

Capítulo 25

Angers, 10 de abril de 1876.

Philippe estava sentado em uma cadeira de madeira por quase vinte e quatro horas e seu corpo todo doía. Desde que Teofille fora subitamente arrancado do carro em que seguiam para o *Hôpital Sainte-Marguerite,* e um homem encapuzado ocupara seu lugar, pouca coisa lembrava. Havia acordado com o saco de veludo negro ainda sobre sua cabeça, mas o éter havia evaporado e perdido o efeito que o manteve desacordado, não sabia por quanto tempo. Tentara se levantar, mas a cadeira deveria estar pregada ao solo e, como suas pernas e mãos estavam amarradas nela, entendeu que pouco poderia fazer. Chamou por alguém, gritou, mas apenas ouviu sua voz se perdendo no vazio. A única coisa que ouvia era o som de animais não tão distantes, mas nenhum som humano. O saco preto na sua cabeça não permitia que visse nada.

Já passara bastante frio e estava com fome e sede, mas isso não o preocupava. Temia mesmo pelo que poderiam fazer com Suzette e Marie na sua ausência. O tempo o fizera relaxar dos cuidados. Por muitos anos mantivera capangas pagos por perto, disfarçados. Ficavam nos arredores da casa ou seguiam a família quando desta saía. Muitos anos, mas nunca ninguém se manifestou, e Philippe afrouxou os cuidados. Flammarion

Duncert havia sido deportado para a *île du Diable*,[30] na Guiana Francesa, de onde era quase impossível sair. Fora condenado à prisão perpétua, por isso o susto de Philippe quando recebera o recado que avisava da sua volta. Quando foi processado, Flammarion não acusou ninguém e, como o documento apresentado por Philippe apenas o indicava como membro do grupo *Les Lucioles*, sem citar outros nomes, foi punido sozinho. Obviamente sabia que Philippe poderia envolver muitos outros, mas escolheu somente ele para o expurgo, o que o deixara ainda mais rancoroso, mesmo entendendo que era melhor que seus companheiros de grupo se mantivessem ocultos.

Philippe pedira a Pascal que ficasse atento e estava contratando novamente novos capangas, porém, não esperava que seus possíveis inimigos agissem tão rapidamente. Tão pouco tempo se passara desde o recado da volta do condenado e ele se lamentava profundamente por ter dado tanto ouvido aos médicos e se mantido em casa após o ataque de coração que sofrera. Lamentava também ter dado tanta atenção à comunicação do pretenso Allan Kardec, à prisão de Teofille e ao ataque à Filomena, que acabaram por dividir suas atenções do que realmente era necessário. Tudo agora era menor, diante do perigo que imaginava passar sua família, e tinha razão.

Em um momento em que o sono quase o vencia, ouviu o galope de cavalos e aprumou-se. Não tardou para que ouvisse o som de uma fechadura girando e uma porta batendo. Logo em seguida, uma porta muito próxima a ele foi aberta fazendo bastante barulho e Philippe teve a certeza de que estava em algum lugar afastado de tudo, porque ninguém estava se importando em ser discreto. Mesmo com o saco cobrindo o rosto, pôde perceber que alguém segurava uma vela, ou um lampião. Com um puxão, o saco da cabeça foi tirado e o que ele viu à sua frente foi desesperador.

---

[30] Prisão para onde eram mandados presos políticos da França, principalmente após as revoluções de 1848.

O tempo se abatera pesado sobre Flammarion Duncert. Mesmo que ele tivesse tirado a barba e cortado os cabelos, agora totalmente brancos, era fácil perceber as marcas da dor, do ódio, da amargura, que fizeram parte de sua vida nos últimos dezessete anos. Estava muito magro e sulcos profundos marcavam seu rosto, que agora pouco lembrava o mestre Kardec. Ele olhava para Philippe com ódio e desdém misturados, mas, além disso, com a mão trêmula apontava para ele uma pistola e, se disparasse, naquela distância de não mais de dois metros, mesmo trêmulo, *não erraria jamais*. A luz fraca da vela que segurava na outra mão deixava o quadro ainda mais tenebroso.

– Pensou que nos destruiria, não é, Philippe de Barrineau, o paladino da moral de Angers? Pensou que eu jamais cumpriria minha palavra, não é? Pensou que eu esqueceria o que fez com Françoise? Pensou que eu jamais voltaria do inferno em que me colocou, mas eu voltei, e quem irá para o inferno agora é você, miserável!

Tão logo terminou de falar, disparou. Um estampido ensurdecedor dominou o quarto pequeno onde estavam e, Philippe, por instantes, de olhos fechados, chegou a pensar que morrer não doía, porque nada sentira após o tiro. Com o coração disparado e a respiração ofegante, lembrando-se do último ataque que quase o matou e tentando controlar-se, começou a sentir o forte cheiro de pólvora que tomara conta do quarto e abriu os olhos, vendo apenas uma cortina de fumaça em sua frente. Mas, logo em seguida, no meio desta fumaça, começou a aparecer novamente a figura de Flammarion, que agora trazia no rosto um sorriso cínico, que rapidamente se transformou em uma gargalhada insana. A pistola estava carregada apenas com pólvora.

– Medo! Pavor! Como é se sentir assim, caro Philippe de Barrineau?

– O que você quer, Flammarion Duncert? – perguntou Philippe, ofegante e sentindo o peito doer.

– Quero que você sofra, nada mais... nada mais... – respondeu Flammarion, e havia uma expressão ensandecida em seu rosto. – Foram dezessete anos de dor... não dor física... ah! Como esta é fácil de suportar! Mas a dor que o ódio represado causa não tem nem como medir.

– Você poderia ter sido executado, bastava eu entregar o restante da trama. Você e muitos outros... – argumentou Philippe.

– E acha que seria pior? Não, você não tem a mínima ideia do que eu passei... a mínima ideia... não é? Não é? – perguntou Flammarion, sempre espaçando e repetindo as palavras. – Não vai me perguntar como consegui escapar do inferno? Acha que pulei de uma rocha e venci o mar do desespero nadando? Não vai perguntar?

– Naqueles documentos havia nomes fortes o suficiente para livrar até Judas da culpa, quanto mais para tirar um criminoso da prisão. Não tenho dúvidas disso – respondeu Philippe.

– Ah! Está certo. Nós tínhamos nomes poderosos, sim, mas um tanto covardes. Depois que o traidor Napoleão perdeu a guerra e o poder,[31] os que já eram covardes perderam o interesse e agora os Vagalumes são apenas uma memória a ser apagada, nada mais... nada mais. Eu não pulei nenhuma rocha, senhor Philippe de Barrineau, tampouco foi um dos nossos membros poderosos que se lembrou de mim. Fui libertado porque Napoleão perdeu o poder e até já morreu, então me deram a liberdade, por que não tenho mais importância, não tenho mais. Existe uma nova ordem no comando, a Terceira República, mas eu não tenho mais nenhum valor. Até isso você me tirou... até isso...

– E voltou pensando em vingança? É só o que quer?

[31] Guerra Franco-Prussiana, ou Franco-Germânica, entre 09 de julho de 1870 e 10 de maio de 1871. A vitória incontestável marcou o último capítulo da unificação alemã sob o comando de Guilherme I da Prússia, assim como a queda de Napoleão III e do regime monárquico na França (http://guerras.brasilescola.uol.com.br/seculo-xvi-xix/guerra-francoprussiana.htm)

– Por que acha que sobrevivi ao inferno? Não posso mais me vingar de Napoleão, o traidor já foi vingado pela história, mas ainda posso me vingar de você, senhor de Barrineau, e de seu amigo Allan Kardec. Os dois terminaram de destruir tudo o que eu tinha... Vocês mataram Françoise... mataram Françoise...
– O que Kardec tem a ver com isso? Sim, eu procurei sua ajuda, mas...
– Ele também matou minha filha. Kardec também matou minha filha – interrompeu Flammarion. – Você o procurou e ele disse para salvar a criança e não a mãe, não foi? Ele também a matou, mas não posso fazer mais nada contra ele agora... a não ser manchar seu trabalho... É o mínimo... é o mínimo...
– Como pode saber o que ele me disse? Está enganado, totalmente enganado, ele seguiu o que *O livro dos espíritos* diz: "salve o ser que já existe". Foi isso que ele me disse e era o que eu pediria para o médico fazer, mas não deu tempo. Por Deus!

Philippe pôde perceber que um lampejo de dúvida passou rapidamente pela expressão de Flammarion, porém, uma mágoa alimentada dia a dia por tantos anos se torna forte demais para ser vencida com poucos argumentos, por mais fortes que sejam. Por isso Philippe, ainda com a respiração difícil e o peito doendo, continuou:

– Foi por isso que Teofille tentou me enganar dizendo que era o espírito de Kardec? Essa é sua vingança contra ele, então? Acredita mesmo que alguém vá se interessar por um livro contestando o que Kardec disse?

– Eu poderia matá-lo, simplesmente, é claro, mas seria pouco diante do que fez. Poderia também matar sua família, já compensaria um pouco mais e isso poderia me satisfazer, mas sou uma pessoa de palavra, senhor de Barrineau. Costumo cumprir minhas promessas, mesmo que o tempo passe. Há outras pessoas que sofreram com o que vocês fizeram, portanto, não seria justo que eles não participassem.

Flammarion falou e puxou uma cadeira para a frente de Philippe, sentando-se e colocando a vela na mesa que havia ao seu lado, encostada na parede, onde colocou também a pistola, para depois respirar, profundamente. Era fácil perceber que ele parecia ter o pensamento superexcitado, embora seus movimentos fossem lentos e trêmulos, às vezes desconexos. Ficou olhando para Philippe por um longo tempo e seus olhos pareciam perdidos no vazio, sua expressão de completa demência. De repente aprumou-se e seus olhos adquiriram rápida lucidez.

– Por duas vezes tivemos que interromper nossos planos, duas vezes. O coração humano não é confiável. Duas vezes! Primeiro foi o pífio Claude Bortelet, que fingiu se interessar pela causa quando foi procurado, mas depois entregou a família Bautan a Luís Napoleão, por que viu na situação a chance de conquistar Eléonore, a noiva de Henri por quem o tolo sempre fora apaixonado. E conseguiu! Conseguiu! Mas não só isso. Também conseguiu terras, dinheiro e aquela joia, que Jeremias, o pai de Henri e um dos primeiros vagalumes, havia doado para a causa. Jeremias foi mandado para a *île du Diable* antes de mim, e lá morreu nos meus braços, quando cheguei. Claude Bortelet destruiu uma família e quase destruiu um sonho. Depois demoramos a nos reorganizar, porque muitos são inseguros, desistem com facilidade. O coração humano não é confiável! Não é!

Flammarion falava olhando para o nada, como se estivesse com o pensamento vagando em outro tempo e não fizesse diferença a presença ou não de Philippe. Quando parou de falar, caiu num mutismo extasiado, como se o assunto tivesse acabado, porém, repentinamente seus olhos tornaram a recobrar a lucidez, e continuou:

– Foi um prazer muito grande enganar aquele verme. Foi o casamento perfeito entre vingança e necessidade, porque não envolveria diretamente os Vagalumes, que precisavam se manter em segredo. Henri sempre falava sobre minha semelhança com Kardec e precisávamos recomeçar nossa revolução. Ah! Como me deu prazer enganar Claude! Como me deu prazer abrir aquele cofre! Não fosse sua presença inesperada, eu teria conseguido muito mais dinheiro daquele idiota, mas, mesmo tendo que precipitar nossa partida, valeu muito a pena. Estávamos novamente com *La Dame Bleue* e uma boa quantia em dinheiro, prontos para recomeçar, porém, justamente no dia em que eu havia conseguido um comprador para a joia, mais uma vez o coração humano nos traiu. Foi a segunda vez que tivemos que interromper a revolução dos Vagalumes. Ah! Françoise! Um coração apaixonado que, para provar seu amor, entregou a chave e o segredo do cofre para um imbecil que não a merecia. Ah! Françoise! Minha filha... minha filha... O senhor a matou... a matou. Eu havia conseguido um comprador para a joia e poderia pagar o médico. Naquele dia eu havia conseguido um comprador. Um dos meninos o seguiu e viu quando entrou no número *8 da rue des Martys*... Você e seu amigo a mataram.

– Já lhe disse que...

– Cale-se! Cale-se! Não quero argumentos, não está aqui para se defender. Está aqui para sofrer e morrer. Esperei dezessete anos e só me resta isso, só isso. O ser humano é complexo, não é? Os políticos se agarram aos seus cargos; os ricos ao seu ouro. Até os pobres se agarram às migalhas que recebem eventualmente e ainda existem os apaixonados, que, a qualquer momento podem colocar tudo a perder. Foi o que aconteceu, foi o que aconteceu. Os apaixonados colocaram tudo a perder e os outros se acomodaram com seus cargos, seu ouro e suas migalhas. O que sobrou para mim, o quê? Só a vingança, só a vingança... Mas antes preciso devolver a joia e o livro. Foi o que prometi, e nunca deixo de cumprir o que prometi, não é, senhor de Barrineau?

– E como pode saber se não devolvi *La Dame Bleue* a Claude? Ele me contratou para encontrar o falso Allan Kardec e resgatar o que foi levado do seu cofre.

– Até hoje ele procura pela joia, então não foi devolvida. Então está com a pessoa que a retirou de Paris e eu preciso dela, já que não pertence a esta pessoa, e sim a Henri Bautan. Queremos *La Dame Bleue*, juntamente com o livro *La Liberté*.

– Quer que um livro seja publicado apenas para se vingar de Kardec? Era esse o plano? Mesmo sabendo que ele não tem culpa nenhuma na morte de Françoise e, muito pelo contrário, me pediu para salvá-la?

– Henri Bautan poderia ser rico com *La Dame Bleue*, mas cumpriu a promessa do pai e deixou a joia com os Vagalumes. Em troca, queria apenas seu livro publicado. Oh! Poderia ser apenas inveja de Allan Kardec, poderia, mas ele sempre sonhou com isso. Sempre acreditou no que os espíritos falavam e acreditava que poderia trazer a liberdade às almas com sua doutrina. Acreditava que poderia livrar o ser humano da culpa que as religiões lhe imputaram. Ele honrou sua palavra, por isso eu tentava honrar a minha.

– Uma pequena porcentagem da venda da joia seria o suficiente para publicar muitos livros...

– ... Mas seria glorioso vendo o nome de Philippe de Barrineau na capa de um livro que pode jogar o trabalho de Kardec nas sombras do esquecimento – falou Flammarion, mais uma vez interrompendo Philippe. – Além do mais, um nome como o seu faria bem à publicação, não é? Não é? Henri precisou se esconder enquanto Napoleão estava no poder, por sua causa, por sua causa. O imperador o seguia desde que Claude Bortelet denunciou a família e sabia de sua ligação comigo... sabia. Quando fui preso, precisou sumir, para não ir também para o inferno. Agora voltou, voltou, mas quem daria credibilidade a ele em um primeiro momento, quem? Ele nunca desistiu do seu sonho, nunca. No fundo ele é um fanático, e os fanáticos nunca desistem, não é? Não é?

– Acredita mesmo que alguém pode acreditar no que está escrito nesse livro? – perguntou Philippe, tentando alongar o assunto por perceber que a conversa ajudava seu coração a bater com menos força e a dor no peito começava a diminuir.

— E por que não acreditariam? Além do mais, quem pode mesmo saber o que é certo a respeito da morte? É tudo novidade, não é? Tem tanta coisa nova acontecendo no mundo. Qual a doutrina mais correta, a de Kardec ou a dele? Qual a mais correta? Qual?

— Todo trabalho de Kardec é racional e induz o ser humano à reforma íntima, ao perdão, ao amor, ao trabalho. O livro de Henri só induz ao erro.

— *Le Liberté* leva à liberdade, nada mais, e é uma bela ideia, que vai cativar e aliviar o fardo de muitos. Nosso povo precisa disso! É um código de conduta para levar o povo à liberdade. O livro vai espalhar a ideia de liberdade e felicidade para todos, do miserável ao imperador, sem diferenças. Vai dizer que qualquer um pode ser rei, ou miserável, mas nada é para sempre...

— Mas o que mudou? Não estava dando certo? O plano não era que eu entregasse o livro a Teofille e financiasse a publicação? Se me prenderam e você pretende me matar, como vão publicar o livro? Como você vai se vingar de Kardec? Sem *La Dame Bleue*, como vão conseguir tudo isso?

— O ser humano é complexo, não é senhor Philippe? Eu já disse isso, não é? Estava tudo se encaminhando bem, mas, ah!, o coração humano, como é vacilante! Primeiro foi a paixão de Claude por Eléonore, depois foi o coração fraco de Françoise que estragou tudo e tivemos que interromper os planos. Justamente no dia em que eu havia conseguido um generoso comprador para *La Dame Bleue*, tudo se perdeu, por causa de um coração apaixonado – repetiu mais uma vez, como se ainda estivesse inconformado – Agora foi outro dos nossos que se apaixonou e tivemos que modificar a ação. O coração humano não merece confiança.

— Teofille? Teofille se apaixonou por Marie? – Deduziu Philippe.

— Ah! Não, não... Teofille é frio como uma geleira, e o ódio dele pelo homem que destruiu sua vida é muito maior do que qualquer paixão – respondeu Flammarion. – Não, não foi isso. Um dos nossos se apaixonou por Kardec, veja o senhor, como pode! Apaixonou-se pelo inimigo e quase colocou tudo a perder mais uma vez e tivemos que mudar os planos bruscamente. No tempo em que esteve em sua casa, infelizmente Teofille não foi capaz de abrir seu cofre e resgatar o livro, os documentos e *La Dame Bleue*... infelizmente... Eu mesmo estive lá, estive lá e tentei, mas o senhor tem um cofre inviolável, não é? Eu ia deixar uma réplica no lugar, uma réplica. Foi o primeiro que não consegui abrir. Mas eu fui um dos primeiros vagalumes, sabia? Nosso símbolo era a luz e o fogo, porque a luz e o fogo corrigem, mostram o caminho certo, clareiam a noite... O fogo queima o que está errado...

— O que quer dizer? Está louco? – perguntou Philippe, sentindo o coração voltar a bater forte no peito.

— Acha que estou louco, Philippe de Barrineau? Pode ser... pode ser... A loucura foi minha amiga por tanto tempo, por que vou desprezá-la agora? Por que vou abandoná-la agora que sua casa espalha luz enquanto queima para completar ao menos uma parte da vingança? O cofre não está mais lá, já o arrancamos, mas o fogo vai apagar as pistas... e agora, quando a noite se prepara para virar dia, sua casa queima... com todos dentro... todos dentro... Quem vai sobrar para reclamar que havia um cofre lá? Quem? Eu lhe avisei, senhor, que iria sofrer, e não só de dor física. Lamento por minha neta, era uma menina tão linda... lembrava tanto a mãe...

Repentinamente Philippe sentiu calor e o ar faltou. Queria arrancar o casaco, a camisa, mas tinha as mãos amarradas e Flammarion apenas parecia se divertir de sua agonia. Marie, Suzette... Santo Deus!

— O coração humano é complexo, não é? Uma vez mais fraquejou, mas, mesmo assim, tenho a minha vingança e vou cumprir minha palavra. *La Dame Bleue* conseguirá outro nome idôneo e o dinheiro para a publicação. Muitos editores ficarão felizes com isso, não é? Não é? Agora que já sabe tudo, caro senhor de Barrineau, não morrerá mais na sombra da ignorância. Então é hora de morrer, até mesmo porque, se não morrer pelas minhas mãos, a angina o levará, não é? Não é?

Tão logo falou, ficou em pé e apanhou a pistola da mesa ao lado, apontando-a trêmula para Philippe, que sentia o peito doer e via o mundo rodar, desde que soubera do incêndio em sua casa e a possível morte de Suzette e Marie. Tinha a impressão de que Flammarion estava ficando cada vez mais distante e sabia o que estava acontecendo. Ainda assim, um pouco antes de perder os sentidos, sentiu uma dor forte no peito e o corpo todo se dobrou, embora amarrado à cadeira, no mesmo instante em que ouviu o tiro. Flammarion quis se antecipar ao seu coração.

Capítulo 26

Angers, 08 de abril de 1876.

O pequeno pássaro azul-claro voou do galho onde cantava e veio pousar no ombro de Marie, enquanto borboletas amarelas se espalhavam ao redor do caminho por onde ela passava, margeando um riacho de águas cristalinas. Lá no fim do caminho, havia uma luz branca que a atraía e a fazia caminhar cada vez mais rapidamente. O pássaro azul-claro pulou do seu ombro, porque ela estava quase correndo, tanto que nem via mais borboletas, nem o riacho, ansiosa por chegar à luz, como sempre acontecia. Mas, de repente, a luz se apagou e Marie demorou um pouco, e já aflita, a acostumar os olhos com a penumbra em que ficou mergulhada. No meio das sombras viu que o pássaro azul-claro voava assustado ao seu redor, como se quisesse encontrar uma saída, mas não conseguia. Não era o que costumava acontecer, mas Marie tentou manter a calma. Ela via o pássaro azul quando voltava para o corpo e acordava, então, porque não estava conseguindo acordar agora? Havia um cheiro espalhado na penumbra onde ela estava, onde não podia ver nada além do que uma neblina densa a envolvendo, mas ela sabia que cheiro era aquele, porque trabalhava em um hospital. Era éter. Era por isso que não conseguia acordar. Era por isso que o pássaro azul não conseguia conduzi-la de volta ao corpo. Marie tentou se acalmar, não havia o que fazer, a não ser esperar, e esperou. De repente, percebeu que a neblina começava a ficar menos densa e era como se raios do sol começassem a furar a penumbra. Então ela ouviu seu nome ser chamado e o sol pareceu afastar definitivamente a sombra. O cheiro de éter diminuiu e ela viu seu corpo deitado em uma cama que não era a sua. Quem estava sentado na borda desta cama era Pascal, que chamava seu nome. O pássaro azul-claro voou para longe, como se estivesse novamente livre depois de tê-la devolvido ao corpo, mas o que estava acontecendo? De repente a memória voltou, como se desabasse em sua mente de uma só vez, e ela sentou na cama repentinamente, assustando Pascal, que segurava um saco de veludo negro em uma das mãos.

– Pascal! Onde está papai? O que aconteceu? Onde estou? – perguntou Marie, percebendo que o corpo não reagia como o espírito há pouco, porque o mundo rodava ao seu redor e sentia um grande enjoo.

– Calma, *mademoiselle*, por favor, calma. Graças a Deus a encontramos! – conseguiu balbuciar Pascal, e havia tanta angústia nas suas palavras que, ao invés de acalmar Marie, mais a deixou preocupada. O comissário Grénault acercou-se da cama e também pediu para ela ter calma, e isso não era bom.

– Por que meu pai não está aqui? – voltou a perguntar Marie, ainda bastante confusa. – Que lugar é este? Lembro que um homem estranho estava conduzindo o cabriolé e outro colocou este saco com éter em minha cabeça, mas o que queriam comigo? O que aconteceu depois?

– São dúvidas que também temos, senhorita – respondeu o comissário. – Uma menina entregou um bilhete nas mãos de um guarda no centro de Angers e depois sumiu. No bilhete havia um mapa mal desenhado, mas foi o que fez com que chegássemos aqui. Porém, ainda não sabemos por que fizeram isso com a senhora e com seu pai.

– Papai? Papai também? Por Deus!
– Seu pai desapareceu desde ontem pela manhã – falou Pascal, ainda um pouco trêmulo de emoção. – Ele saiu do escritório, mas não chegou em casa. Não sabemos o que aconteceu.
– Preciso ir para casa, mamãe deve estar desesperada – falou Marie, pulando da cama e tentando ficar em pé, o que foi um erro, pois as pernas fraquejaram e ela precisou sentar novamente.
– Talvez seja melhor a levarmos ao hospital antes, para ser examinada por um médico.
– Eu estou bem, comissário, embora ainda um pouco tonta, nada mais. Se ainda havia éter neste saco, é provável que alguém o mantinha molhado, do contrário eu já teria acordado e estaria melhor. Mas isso não quer dizer que preciso ir para um hospital. Quero ir para minha casa.
– Temo que não seja possível, senhorita – falou o comissário, enfrentando um grande embaraço para esclarecer a situação.
– Por Deus! Por acaso estou presa! Fui acusada de algum crime?
– Eu a levo – falou Pascal, antecipando-se ao comissário, quando este deu a entender que contaria tudo que sabia a Marie. – Eu a levo, não se preocupe, senhor, afinal, é o meu trabalho e parece que não há nenhum criminoso por perto. Apenas ficaríamos agradecidos se seus homens acompanhassem o cabriolé da senhorita até cidade.
– Meu cabriolé? Os bandidos não o levaram?
– Não, senhorita. Estava aqui, em frente a esta casa. Estamos nas margens do Loire há cerca de quinze quilômetros da cidade e não vimos nenhum bandido quando chegamos. Tenho a impressão de que apenas queriam mantê-la longe da cidade por um tempo, embora não seja possível entender o motivo de terem agido assim.
O comissário, ainda um pouco indeciso, acabou por aceitar a proposta e apenas seguiu o carro que Pascal conduzia,

como se fosse uma escolta. Quando entraram no *boulevard de Saumur* e antes que a casa da família de Barrineau pudesse ser vista, Pascal parou o cabriolé e o comissário pediu para que os guardas também parassem, mas a alguma distância, entendendo o que Pascal queria fazer. Percebera que ele conduzia o carro mais lentamente que o habitual e achava bom que se desse um tempo para dar as notícias à filha do senhor Philippe.

– Por que parou, Pascal? Por que ainda não posso chegar em casa? – perguntou Marie, vendo Pascal parado ao lado da cabine e cada vez mais angustiada pela falta de informações. A sensação de mal estar deixada pelo éter já quase não mais a incomodava.

– Por que não há mais casa, senhorita Marie. Lamento muito.

– O quê?

– Esta madrugada a casa foi incendiada... não sobrou nada...

– Mamãe! Oh! Deus! – gritou Marie, não conseguindo mais resistir. O pranto de Marie rasgou o coração de Pascal, mas o que ele poderia fazer a não ser tentar manter-se calmo.

– Não a encontraram, senhorita. Acreditamos que ainda esteja viva. Ela estava em nossa casa, como costumava fazer quando seu pai estava ausente. Queríamos que ela dormisse conosco, mas ela estava ansiosa por notícias do senhor Philippe e preferiu dormir na casa principal. Pensava que poderiam pedir por ele algum resgate. Quando acordamos, as labaredas já estavam muito altas e ninguém mais conseguia entrar. Segundo o comissário, a velocidade com que o fogo se propagou lhe dá certeza de que o incêndio foi criminoso. Depois que os bombeiros conseguiram controlar as chamas, procuraram por tudo, mas não acharam o corpo. Ainda temos alguma esperança...

– Leve-me lá, Pascal – falou Marie, tentando desesperadamente controlar o choro.

O que viu, parada em frente ao que era sua casa, foi apenas um amontoado de pedras e madeiras carbonizadas. Nem era possível imaginar que ali existira uma casa. Alphonse e

Juliette acercaram-se de Marie, mas não conseguiram dizer uma palavra. O desespero e a dor os dominavam. O comissário Grénault postou-se um pouco para trás, enquanto policiais espalhados ao redor mantinham transeuntes e vizinhos distantes para que se respeitasse a dor de Marie, que olhou para ele e pediu que se aproximasse.

– Quem fez isso, senhor?
– Estamos investigando, senhorita. Meus homens procuram tanto por seu pai quanto por sua mãe. Tudo sugere uma vingança, mesmo porque, não pediram nenhum resgate. Só lamento termos tão poucas informações para começarmos.
– Comece por Flammarion Duncert, senhor.
– Quem é Flammarion Duncert?
– Sei tanto quanto o senhor, mas há alguns dias papai recebeu um bilhete, no meio da noite, e nele estava escrito que este homem havia voltado. Não sei de onde, não sei quem é, mas papai passou mal assim que o leu e tivemos que chamar o médico.
– Mandarei um telegrama a Paris imediatamente. Qualquer outra informação que tenha será muito útil, senhorita. Vou deixar meus homens aqui, por enquanto, então basta chamá-los se quiser falar comigo.
– Obrigado, senhor, mas, antes de partir, gostaria que me dissesse como está Filomena? Como está o senhor Teofille?
– Pensei que já soubesse... Oh! Sim, a senhorita foi raptada na manhã de ontem, então não haveria como saber.
– Saber o quê, comissário? Ainda há mais notícias tenebrosas?
– Filomena acordou melhor ontem e me chamou. Ao contrário do que esperávamos, ela confirmou que quem a atacou foi Teofille e que era preciso proteger sua família, por que ele era uma pessoa muito perigosa.
– Santo Deus! Isso é impossível!
– Senhorita, estamos tentando descobrir antecedentes do seu hóspede e ele não aparece em nenhum registro. É como um

fantasma. Além do mais, depois de tudo que aconteceu com sua família em tão pouco tempo, como podemos dizer que Filomena está errada?

— Mas o que ele diz sobre isso? O senhor já o interrogou novamente?

— Isso não será possível, senhorita. Enquanto atendíamos ao incêndio em sua casa, o senhor Teofille desapareceu, realmente como um fantasma. É como se tivesse virado fumaça e saído pelas janelas da prisão, porque a porta da sela continuava trancada, como sempre. Nenhum guarda viu alguém entrar ou o viu saindo.

— Então, se Filomena disse a verdade, ela pode estar correndo perigo. Há guardas cuidando dela no hospital?

— Isso não será mais necessário. Filomena também desapareceu. Quando as irmãs foram examiná-la pela manhã, ela havia sumido, sem deixar vestígios. Tememos muito que tenha sido Teofille que a levou.

— Meu Santo Deus! O que está acontecendo? — falou Marie, precisando apoiar-se no braço do comissário, que se apressou em ampará-la e a chamar Pascal e Alphonse, enquanto se desesperava por não ter o mínimo jeito para aquela situação. Marie caíra no choro, mas ela suportara tudo com muito mais coragem do que o comissário imaginava que iria acontecer.

— Ela precisa descansar. Por favor, levem-na para casa.

Somente quando Pascal segurou seu braço é que Marie, mesmo ainda tomada pelo pranto, se deu conta de que havia uma grande ferida logo atrás da orelha direita dele. Percebeu que Pascal levantava muito alta a gola do seu casaco, pensando em escondê-la e, enquanto começavam a contornar o que um dia fora sua casa, falou:

— Por minha causa quase o mataram, não é, Pascal? — falou Marie, entre soluços.

— Não queria que se preocupasse comigo — respondeu o jovem, rapidamente levantando a gola para tentar esconder o ferimento, enquanto o coração se desesperava e batia enlouquecidamente, fazendo-o perder a respiração, mas ao mesmo tempo culpar-se. Como podia ter uma reação como aquela, diante de tamanha dor por que passava Marie?

Marie, por sua vez, tentando recobrar o controle sobre si, mesmo diante de tanta tristeza, parou e afastou a gola para ver melhor o ferimento.

– Foi o doutor Roquebert quem fez o curativo?

– Foi a senhora Suzette.

– Ah! Mamãe... mamãe... alguma coisa em meu coração me diz que ela está viva.

– Deus queira, senhorita.

– Todos sumiram, Pascal. Todos sumiram, de repente. De um dia para outro a vida que eu tinha acabou. Papai, mamãe, Filomena, Teofille... Ah! perdoe-me, meu amigo, sei que ainda tenho vocês, mas que destino terrível é este? Que fiz eu em outras vidas para estar passando por isto?

– Nunca passamos por nada que não seja necessário, senhorita. Sabe isso bem melhor do que eu, por que foi nos livros que me deu que aprendi assim. Por mais dura que seja a prova, não podemos esmorecer, não podemos desistir e sempre aprender.

Ela e Pascal estavam parados na calçada da rua, ao lado de onde era a casa principal e em frente ao caminho por onde saíam o cabriolé de Marie e a carruagem da família. Os olhos dela estavam marejados. Não fora somente a casa onde morava que ruíra, mas sim toda sua vida. Ainda tentava buscar no que aprendera sobre o destino algum consolo, mas, naquele momento, somente a dor ganhava espaço em seu espírito. Algumas pessoas ainda estavam por ali, enquanto outras vinham para ver o que restara da casa, mas a polícia havia feito um cordão de isolamento para evitar bisbilhoteiros. Os vizinhos, também de famílias de ricos comerciantes que haviam escolhido a região para erguer suas casas, já haviam se colocado à disposição através de cartões que foram entregues a Alphonse, porque entendiam que a menina precisava de um tempo para se acalmar.

Quando Pascal pensou em insistir para que Marie fosse para sua casa, escutou um burburinho entre as pessoas que ainda andavam ao redor. Ele e Marie olharam para a rua e viram que um casal acabara de contornar a esquina e vinham na direção dos dois. Mesmo com os olhos molhados de lágrimas, Marie os reconheceu e partiu em disparada ao encontro deles, jogando-se como uma criança nos braços da mãe e deixando-se definitivamente dominar pelo choro. Ao ver as duas abraçadas, doutor Beaumont, que acompanhava *madame* Suzette, afastou-se um pouco para o lado e sorriu com gentileza para Pascal, ao vê-lo também tomado pela surpresa.

Capítulo 27

Angers, 10 de abril de 1876.

O comissário Grénault veio conversar mais uma vez com a senhora Suzette e Marie, três dias após o incêndio. Era um final de tarde chuvoso e triste, assim como as notícias que trazia. As informações que conseguira a respeito de Flammarion Duncert diziam que ele continuava preso na *Île du diable,* sem nunca ter saído de lá. Não tinham ainda nenhuma pista de Teofille, tampouco de Filomena. As investigações continuavam e ele já tinha feito muitas perguntas à senhora Suzette sobre o passado, tentando descobrir algum motivo ainda não percebido para justificar os sequestros e o incêndio. Também interrogou Pascal e seus avós a respeito de um possível relacionamento entre Teofille e Filomena, mas ninguém sabia nada mais, além do que Pascal havia visto.

Mãe e filha haviam aceitado o convite do doutor Beaumont e estavam hospedadas em sua casa. O médico, que era viúvo há bastante tempo e nunca pensara em casar novamente, morava sozinho em uma casa grande a dois quarteirões da casa de Philippe. Recebeu as duas com o coração também aflito pelo desaparecimento do amigo, que era como um filho para ele. Lourdes, a governanta, se desdobrava para bem recebê-las e todos estavam preocupados com a apatia que tomara conta de

Marie. Ela, que sempre fora uma luz para todos, enchendo a vida de sorrisos por onde passava, agora mal falava, mal comia e pouco saía da cama. Conhecendo como funcionava a disposição da filha, na noite da última visita do comissário, quando se preparava para dormir, falou:

– Há uma coisa que preciso lhe mostrar, minha filha.

Marie, que já estava deitada, demorou a abrir os olhos, como que se quisesse que a mãe achasse que dormia, mas Suzette sabia que estava acordada, por isso continuou:

– Eu não fugi para a casa do doutor Beaumont quando vi o fogo começar. Eu fui avisada.

No mesmo instante, Marie abriu os olhos e olhou-a de lado, sem mexer com a cabeça, mas não fez pergunta alguma, apenas esperou que a mãe continuasse.

– A mesma menina que naquela noite trouxe a carta, bateu à porta e me entregou isso...

Madame Suzette falava agora recostada à cabeceira da cama e tinha em seu colo uma pequena *pochette* de veludo negro, que abriu e tirou de dentro um pedaço de papel amassado e ficou segurando na frente da filha até que ela se mexesse para pegar. Havia uma frase muito mal escrita nele, em péssima caligrafia:

fuja senhora os vagalumes vão incendiar sua casa esta noite

– Por que não me mostrou isto antes, mamãe?
– Estou mostrando agora, é o que interessa. Naquela noite eu estava desesperada porque você e seu pai haviam desaparecido e o máximo que pude fazer foi sair pela rua. Não queria acreditar que era verdade, mas não demorou para que as labaredas aparecessem. Então eu fui para longe e apenas pude rezar para que poupassem a segunda casa. O doutor Beaumont pediu para o filho correr para chamar a polícia e o bombeiro, mas foi tudo muito rápido... muito rápido...

– Quem são os Vagalumes? Por que a senhora não mostrou isso para a polícia? – perguntou Marie, pulando para o lado da cama, com a mente fervilhando de indagações.

– Há muito tempo eu perguntei ao seu pai porque não entregava os Vagalumes à polícia e ele me disse que estaríamos mais seguros se não o fizesse, porque exporia nomes muito poderosos e estes sempre podem ser vingativos. Então, acho melhor não envolvermos a polícia neste assunto, ao menos por enquanto.

– Então a senhora sabe quem são?

– Eu não sei quase nada dos Vagalumes, quase nada. O que seu pai me contou foi somente que existia um grupo revolucionário que se designava assim e que conheceu algumas pessoas que faziam parte. Disse que alguns nomes eram influentes e eles queriam se vingar de Luís Napoleão, que consideravam um traidor. Acredito que tenham convidado seu pai a participar do grupo. Quando você estava para nascer ele precisou ir a Paris resolver problemas da companhia de navegação do seu avô e fez contato com alguns de seus membros. Você sabe, nossa história sempre foi turbulenta e cheia de revolucionários que acham que sabem o que é melhor para todos. Talvez um deles tenha convidado seu pai.

– Flammarion Duncert, possivelmente.

– Talvez. Flammarion Duncert foi o homem que se fez passar por Kardec há muito tempo, em Moulins, mas teve o azar de seu pai estar na cidade e o desmascarar.

– O quê? Como papai nunca me falou disso?

– Seu pai não gostava de falar desse assunto, minha filha. Eu mesma fiquei sabendo muito pouco. Soube que ele fazia parte desse grupo e, por isso, foi condenado à *Île du Diable*. Isso aconteceu quando você nasceu e toda minha atenção estava voltada para você. Talvez até ele tenha tentado me contar alguma coisa, mas não devo ter dado atenção. Mas lembro de que, quando voltou de Paris, ficou muito tempo preocupado, atento, parecia estar com medo.

– Mas por que somente agora viriam se vingar, depois de tanto tempo?

– Não sei, Marie, não sei. Mas sei que alguém está tentando nos proteger. Alguém avisou seu pai que este homem havia voltado; alguém me avisou para fugir. Creio que devamos concentrar nossos esforços nessa pessoa.

– A menina... sim. Mas se ela entregou Teofille quando Filomena foi atacada, e ao mesmo tempo tenta nos proteger, isso quer dizer que Teofille...

– É cedo para qualquer julgamento, Marie. Precisamos de mais informações.

– A senhora está falando como eu, mamãe – falou Marie, com um leve sorriso nos lábios, o que alegrou a mãe. Seu sorriso sempre fora fácil, gentil e luminoso, porém, nos últimos dias, estava apagado, embora com motivos de sobra para isso.

– Não vamos nos precipitar. Veja tudo que tem acontecido: você e seu pai foram sequestrados, nossa casa foi incendiada, Teofille e Filomena sumiram. Temos que tomar muito cuidado. Até descobrirmos o que está acontecendo, só confiaremos em nós, na discrição e no silêncio, minha filha.

– Está certa, mamãe, está certa. Discrição e silêncio... está certa.

– Eu ainda tenho esperança de que seu pai esteja vivo. Alguma coisa dentro de mim diz isso. Por que armariam toda esta situação? Por que sequestrariam a você e a ele antes de queimarem a casa? Alguma coisa me diz que sei pai está vivo, Marie.

– Alguma coisa chamada amor, mamãe. Alguma coisa que dentro de mim diz o mesmo. Agora eu também acredito que ele ainda está vivo. Eu estava me entregando, a tristeza estava me consumindo, porque, de repente, tudo ruiu. Não estou mais. A senhora me deu um forte motivo, o maior de todos, para viver: descobrir onde está papai.

Marie terminou de falar já abraçada à mãe e, muito tempo depois desta ter dormido, ela ainda estava acordada. Seu pensamento corria pelo tempo e procurava resgatar todos os detalhes e memórias que antes pareciam não ter importância, a ponto de já começar a sentir a cabeça latejar. Como aprendera com Chambot, tinha um problema para resolver e, para isso, precisava antes organizar tudo o que sabia e o que não sabia sobre o assunto.

Chambot! Ah! O professor Chambot! Tinha até pensado em não mais procurá-lo, mas, agora, com as informações que tinha nas mãos, seria a primeira coisa que faria no dia seguinte.

Capítulo 28

Angers, 11 de abril de 1876.

Quando amanheceu, Suzette encontrou Marie sentada na pequena escrivaninha do quarto onde ela havia acabado de elaborar uma lista. A mãe aproximou-se e viu por cima do seu ombro que numa folha de papel estava escrito:

– *Quem é Flammarion Duncert?*
– *Quem são os Vagalumes?*
– *Quem é a menina?*
– *Por que Teofille e Filomena sumiram?*
– *Por me sequestraram e depois avisaram onde eu estava, sem pedirem resgate?*
– *Por que sequestraram papai?*
– *Por que incendiaram a casa?*
– *Quem era o sósia de Teofille que morreu e sumiu do hospital?*
– *Perguntas 359 e 814. Allan Kardec, por quê?*
– *Teofille... Teofille... Teofille...*

– Vejo que tem uma longa lista de perguntas não respondidas – falou Suzette, fazendo Marie tremer, como se estivesse viajando distante com o pensamento e tivesse que subitamente voltar. – Oh! Perdoe-me... a assustei.

— Sim, mamãe. Estava com o pensamento tão distante que realmente me assustei. Mal consegui dormir à noite e vou pedir para Pascal me levar até o professor Chambot. Preciso da ajuda dele.
— Não acho que seja prudente você sair minha filha.
— Se eu corresse realmente perigo não teriam me libertado. Concordo que precisamos ser discretas, mas, se apenas nos escondermos, nunca entenderemos nada. Não podemos viver trancadas como em um cofre. Um cofre... mamãe, um cofre! Papai tinha um cofre no escritório, não é? Deveria estar entre as cinzas da casa...
— Não, minha filha, não está. Alguém o levou. O comissário já havia me perguntado sobre o assunto, bem como o que poderia ter dentro. Pelo fato de o cofre ter sumido, ele considerou a hipótese de um assalto. Mas há outro cofre, ainda melhor escondido. Seu pai sempre foi muito precavido.
— Outro cofre? Em nossa casa? Por que ele teria dois cofres? Se é tão importante assim o que guarda neles, por que não colocou em algum banco?
— Tudo o que vai para um banco precisa ser registrado. Por mais que sejam instituições de confiança, seu pai sabia que tudo que fizesse seria vigiado. O assunto era tão grave que ele não confiava em ninguém, por isso escondeu outro cofre, onde jamais pensariam em procurar. Acho que é importante que você saiba disso, bem como tenha o segredo. Depois que tentaram me matar...
— Oh! Mamãe, por favor, nem fale isso.
— Temos que ser realistas. Não fosse a menina, provavelmente eu teria morrido.
— Mas onde fica esse cofre?
— Na adega, embaixo da casa. Se algum ladrão entrar numa adega, só pensará em roubar vinhos. Nunca pensará que existe um cofre com objetos de valor no local.
— Mas eu conheço cada pedra daquela adega. Como nunca vi um cofre?

– No chão, minha filha, embaixo da mesa. O chão é feito de pedras de arenito, mas sob a mesa há um quadrado feito por quatro pedras de ardósia e presas com argamassa. Pode ver que sei pai nunca pensou em abri-lo. Tome, este é o segredo e, por favor, esconda-o muito bem – falou a senhora Suzette, entregando à filha uma tira estreita de papel com uma sequência de números escritos.

– Então sabemos o que querem: um cofre. Mas não sabemos o que tem dentro deste cofre. Mais um assunto para discutir com o professor.

Marie desceu para o café da manhã com uma disposição que fez o doutor Beaumont sorrir e Lourdes apressar-se em lhe trazer *croissants* que havia acabado de tirar do forno. Mas Marie estava com pressa e mal tocou no alimento, o que fez com que Beaumont protestasse imediatamente, lembrando-a que ficaria doente se continuasse sem se alimentar. Então ela beijou o rosto do médico, depois o de Lourdes e agradeceu ternamente por tudo o que estavam fazendo por ela e pela mãe, mas saiu, apressada, sem comer. Sabia que Pascal estaria sentado num dos bancos do jardim da casa do médico, pronto para atender qualquer pedido que fizesse.

Assim que ficou sabendo do desejo de Marie, Pascal correu para buscar o cabriolé, enquanto ela se sentava no banco onde ele estava para esperar. O jardim era bonito e as flores se espalhavam em profusão, depois de um inverno rigoroso. Um grande pé de azaleias envolvia o banco onde ela esperava e muitos pequenos pássaros faziam alarido nas moitas, mas, apesar do barulho, ela teve a impressão de que ouviu o som de passos quebrando gravetos atrás de onde ela estava e pulou, de pronto. Por mais que achasse que não corria perigo, os dias eram tensos e precisava se cuidar, por isso se arrependeu por não ter ido junto com Pascal. Tentou olhar por entre os galhos da azaleia, mas nada viu, porém, quando sentou novamente e olhou para frente, seu coração quase parou. Havia uma menina de longos cabelos loiros ondulados e olhos muito azuis parada na sua frente. Marie soltou um pequeno grito, por isso a menina apressou-se em colocar o indicador na frente dos lábios, pedindo urgente silêncio.

– Quem é você? – perguntou Marie, mas ela não respondeu. Igual à vez em que estivera em sua frente, ficou alguns instantes extática, como se não pudesse se mexer, depois repentinamente puxou um papel do bolso do mesmo casaco que usava naquela noite e o entregou a Marie para, imediatamente, sair correndo, como um raio. Era a mesma menina que já correra dela um dia, agora tinha certeza. Estava rondando a casa e avisara seu pai de um perigo, salvara sua mãe e agora vinha lhe trazer mais uma mensagem, que rapidamente leu.

Soyez seule dans la tour du château près de la rivière à la brune.

Teofille[32]

Teofille! Ah! O coração de Marie bateu tão forte que ela chegou a olhar para os lados para conferir se estava mesmo sozinha. Ela sofria muito a ausência do pai e realmente se desesperava com a possibilidade de ele estar morto, mas havia outro tipo de dor instalada em seu peito. Uma dor nova, que nunca imaginara existir e que demorou mesmo a entender o que era. A dor da perda de Teofille, por quem estava irremediavelmente apaixonada. Amigas já haviam se apaixonado e Marie as via como ingênuas e tolas. Nenhum jovem, até aquela data, havia conseguido sequer chamar sua atenção e, agora, de repente, a paixão a tomara de assalto, e ela se sentia imensamente ingênua e tola.

Então ele queria vê-la? Então Teofille conhecia mesmo a menina misteriosa, que aparecia como um fantasma e sumia,

---

[32] Esteja sozinha na *tour du château*, perto do rio, assim que escurecer. Teofille

mas sempre trazia alguma mensagem que tentava ajudar a família de Barrineau? Provavelmente a mesma menina que salvara Filomena, mas, se Teofille a conhecia, por que ela o denunciara como o agressor? Na mente de Marie logo se formou um novo redemoinho de dúvidas. Eram tantas perguntas não respondidas que ela teve a impressão de que o mundo rodava, enquanto o coração ainda batia descompassado. Guardou o bilhete por dentro do casaco e, quando viu que Pascal parava o cabriolé no portão da casa, levantou para ir até ele, mas o chão lhe faltou. Foi como se um buraco se abrisse aos seus pés e ela caísse no vazio. Enquanto caía e sentia que os braços fortes de Pascal a seguravam, sua mente, sempre rápida, também lembrava que há vários dias não se alimentava, como reclamara doutor Beaumont, e ela ainda teve tempo de pensar que ele tinha toda a razão, antes de apagar.

Capítulo 29

Angers, 11 de abril de 1876

Desta vez o pássaro azul-claro trouxe Marie para seu corpo sem dificuldade e voou para longe, livre, assim que ela se aproximou da cama. No segundo seguinte, ela abria os olhos e, já com a mente ativa, respirou aliviada, por que o sol ainda passava pelo cortinado da janela. Foi como se sua mente tivesse decidido por conta própria que o melhor a fazer até encontrar Teofille era descansar. E era assim que ela se sentia quando acordou, totalmente descansada, por isso perguntou para a mãe, que estava sentada na poltrona ao lado da cama, com *O Evangelho segundo o espiritismo* nas mãos.

– Alguma notícia de papai? – perguntou Marie, como se tivesse apenas mudado de assunto e não acordado de um desmaio. Como sua mãe a conhecia bem e casos semelhantes chegavam a ser corriqueiros com a filha, apenas fechou o livro e respondeu:

– De agora em diante quem decide se vai comer ou não sou eu e não você, Marie. E não, nenhuma notícia.

– Obrigado por me cuidar, mamãe. Imagino que Lourdes esteja preparando um banquete para o jantar; estou com fome.

– Ah! Um pouco de sensatez sempre faz bem. Vou pedir para ela lhe trazer um lanche.

– Não precisa, eu vou descer e comer, mamãe. Estou ótima – interrompeu Marie, pulando da cama. – Preciso me alimentar porque ainda tenho um compromisso esta noite e não quero que nenhum novo desmaio se repita. – falou Marie, olhando para o relógio na parede à sua frente e constatando que estavam próximos das seis horas da tarde.

– Compromisso? À noite? Quer me explicar o que está acontecendo?

– Ela veio até nós. A menina apareceu novamente enquanto eu esperava Pascal no jardim – respondeu Marie, indo até seu casaco que estava no cabideiro e de lá tirando o bilhete e o entregando à mãe que, tão logo o leu, falou:

– Sozinha? É claro que não vai sozinha.

– Mamãe, estou admirada! Imaginava que não permitiria que eu fosse em hipótese alguma. Se me proíbe de ir sozinha é porque me permitirá ir, não é?

– Sim, mas eu irei com você. Não podemos perder nenhuma oportunidade de desvendar todo este mistério. Talvez Teofille tenha alguma informação do seu pai.

– Eu irei com Pascal, mamãe. Ele é forte e daria sua vida por nós. Creio que seja melhor a senhora ficar para não levantar nenhuma suspeita. Se sairmos as duas, precisaremos dar explicações ao doutor e ele vai ficar angustiado. Temos quase três horas até a noite cair,[33] então teremos tempo para jantarmos e nos recolhermos. Eu consigo sair sem ser vista, e Pascal me esperará logo adiante.

– Adianta eu protestar? – perguntou Suzette, entendendo que na cabeça da filha estava tudo já bem organizado.

Pascal ainda tentou convencê-la de chamar a polícia e Marie quase precisou transformar o pedido em uma ordem para que ele concordasse. Pascal não era apenas empregado da casa, mas sim seu amigo desde a infância e ela pouco se importava com

---
[33] No mês de abril nesta região da França o horário do pôr do sol é próximo às 20h46 (http://www.ephemeride.com/calendrier/solaire)

as convenções que impunham barreiras entre pessoas de classes sociais diferentes, o que já havia levado até a alguns comentários maldosos de supostos amigos do pai, sempre atentos a um tipo de fantasiosa moral e bons costumes, que ela repudiava. Obviamente Pascal ficou chocado com o encontro. Seu coração apertou-se, pois sabia que Marie estava embevecida pelo hóspede. Teofille foi o primeiro a conseguir o que ele sempre temia, e sabia que um dia iria acontecer. Mas, que argumento ele poderia apresentar a Marie para que ela não fosse? Nenhum! Só podia acompanhá-la, protegê-la e continuar amando-a incondicionalmente sempre.

Precisamente às vinte e uma horas, um vulto passou pelo jardim da casa do doutor e o cabriolé quase não parou para que este vulto nele entrasse. Era uma terça-feira de um abril chuvoso e, embora não chovesse aquela noite, as ruas no centro da cidade estavam calmas. Estudantes perambulavam em pequenos grupos, mas aos poucos as ruas iam esvaziando. Pascal desceu na direção da *pont de Verdun*, mas, antes de tomá-la, virou à esquerda e diminuiu o passo do cavalo, enquanto margeava o rio, aproximando-se lentamente do castelo.[34] O castelo de Angers vinha sendo usado, por muitos anos, como prisão e depósito de munições, longe de lembrar o glamour e a riqueza dos tempos do *bon roi René*.[35] Da ponte até a torre mais próxima ao rio distava cerca de quatrocentos metros e algumas pessoas ainda circulavam por ali. Embora já tivesse escurecido, parecia que os lampiões a gás ainda não conseguiam iluminar o suficiente, e isso deixava Pascal inquieto e ainda mais cauteloso.

---

[34] O castelo de Angers está localizado na região *pays de la Loire*, no coração da cidade de Angers, à beira do rio Maine. É uma grande fortaleza medieval pontuada por dezessete torres e foi edificada pelo jovem são Luís na fronteira de seu reino no século XIII. No interior da enorme muralha encontram-se edifícios residenciais e jardins. (http://castelosdoloire.com.br/pt-br/castelos/angers/castelo-de-angers)
[35] René de Anjou era chamado por seus súditos de "o bom rei René". Nasceu em 16 de janeiro de 1409, em Anger, e morreu em Aix-en-Provence, em 10 de julho de 1480. (Nota do autor)

O castelo de Angers

Marie fez sinal para que parasse, tirando a mão para fora da cabine, e ele saiu da rua e subiu por um gramado que circundava o castelo, parando o cabriolé numa área aberta, onde qualquer pessoa precisaria se expor a uma distância considerável antes de se aproximar. O coração de Marie estava disparado e os dez minutos que ficaram ali parados parecia mais de uma hora. O castelo era constituído por dezessete imponentes torres redondas, feitas de xisto e calcário, entremeadas por muros altíssimos, que lhe rendeu a fama de inexpugnável e, com a noite, parecia que nem as lâmpadas conseguiam mudar seu ar sombrio. A torre mais próxima ao rio ficava na esquina oeste, sendo que, ao contorná-la, subia-se a encosta na direção da entrada principal.

– Creio que não virá ninguém – falou Pascal, torcendo para que Marie pedisse para irem embora. Porém, assim que falou, um homem saiu de trás da torre e ficou parado, virado para eles. Vestia uma longa capa negra e sua cabeça estava coberta por um capuz. Não ficou mais do que alguns segundos e voltou a sumir atrás da torre.

Era ele. Marie saberia que era Teofille mesmo que fosse um encontro inusitado, sem ter sido marcado. O ar pareceu se distorcer entre os dois e, sem pensar mais, pulou da cabine e ignorou os protestos de Pascal. Ao notar que o amigo a seguia, virou-se e fez com que parasse.

– Tenho certeza de que, se não estiver sozinha, não encontrarei ninguém atrás daquela torre. Por favor, Pascal, confie em mim.

Então, também com o coração aflito, Pascal esperou, e esperou, e esperou. Pensou que já haviam passado horas, mas não fazia mais do que quinze minutos que Marie contornara a torre e sumira. Irritado, tomado de ansiedade, desobedeceu a ordem dada por ela e foi até a torre, contornando-a, sem encontrar ninguém. Desesperado, correu toda a lateral do castelo, mas Marie havia desaparecido, novamente.

Capítulo 30

Angers, 11 de abril de 1876.

Marie parou a dois passos de Teofille, que tinha o rosto perdido na sombra de um capuz largo que lhe cobria a cabeça. Inesperadamente ele adiantou-se e a abraçou, fazendo com que Marie soltasse pequeno grito de espanto. Teofille era alto e robusto, e seu abraço quase fez com que Marie se escondesse em seu corpo. Ela estava paralisada e os dois corações pareciam se desafiar, um tentando bater no outro, tão próximos estavam. No meio do turbilhão que dominava seu pensamento, Marie conseguiu perguntar:

– Onde está papai, Teofille?

Teofille ainda a segurou dentro do abraço por mais alguns segundos e colocou seus lábios sobre a testa de Marie, fazendo-a quase desmaiar novamente. Subitamente se afastou e a puxou pela mão, subindo pela rua em direção oposta de onde estava Pascal. Marie se deixou levar, ainda aturdida, e viu que uma caleça apareceu como se fosse do nada descendo pela rua. Teofille ajudou-a a subir e o cocheiro rapidamente manobrou o carro e voltou de onde veio, fazendo o cavalo trotar rapidamente para se afastar dali, sem que Marie soubesse o que estava sentindo. A razão a mandava gritar por ajuda, o coração pedia que se calasse.

A caleça contornou o castelo e desceu em direção à *Pont de Verdun*. Marie ainda viu seu cabriolé parado à distância e se preocupou com Pascal, mas o que poderia fazer agora? A ação de Teofille a havia deixado sem reação e começava a sentir medo. Após passarem a ponte, o cocheiro puxou o capuz da cabeça e olhou para trás, fazendo Marie gritar. Era o mesmo homem que a havia sequestrado, com sua expressão catatônica e sorriso sem dentes. Ouvindo o grito, Teofille, que vinha olhando para todos os lados, segurou sua mão e disse:
– Tenha calma, está tudo bem. Não é comigo que você corre perigo.

Depois disso a caleça passou pelo *Hôpital de Saint Madeleine* e parou numa rua estreita, logo atrás do hospital. Teofille pulou do carro e abriu uma porta rente à rua, que fechou rapidamente assim que entraram, fazendo com que ficassem em total escuridão. Então Teofille apanhou a mão de Marie e a conduziu por alguns passos para depois virar à esquerda. Com os olhos já um pouco mais acostumados, Marie pôde perceber que estavam em um corredor onde havia uma fileira de portas, sendo que somente por baixo de uma delas havia uma réstia de luz. Ela sabia que havia algumas pensões e quartos de aluguel na região do hospital e entendeu que estava em um lugar semelhante, embora parecesse desabitado, devido ao silêncio e escuridão. Teofille parou à frente da porta onde a luz passava e tocou levemente com os nós dos dedos, mas demorou alguns segundos para que ela se abrisse. A luz dentro do quarto era baça, vinda de apenas uma vela acendida sobre uma mesa. Quando Teofille fechou a porta atrás de si, Marie teve uma grande surpresa, pois quem estava atrás dela, como se os aguardasse, era irmã Deodore.

– Irmã? O que faz aqui? Como...
– Sem perguntas, minha filha, sem perguntas – falou e passou por ela, abrindo novamente a porta e saindo do quarto, sem mais explicações.

– Oh! Teofille, o que está acontecendo? Estou aturdida com tudo isso. O que fizeram com papai? Onde ele está?

Teofille não respondeu, apenas caminhou até uma cortina que parecia servir de divisória e afastou-a, fazendo com que a pouca luz se espalhasse pelo fundo do quarto e iluminasse uma cama, onde Philippe de Barrineau estava recostado, com doutor Roquebert sentado ao seu lado. Marie quis arrojar-se sobre o pai, mas Roquebert rapidamente se levantou e a impediu, segurando-a pelos ombros e falando:

– Calma, Marie. Ele ainda está muito mal. Qualquer agitação poderá ser fatal.

– O que fizeram com ele? Alguém pode me explicar alguma coisa antes que eu enlouqueça? – falou muito alto Marie, quase gritando, sem conseguir controlar a emoção.

– Não temos quase nenhum tempo para nos perdermos em explicações – falou Teofille, mais uma vez a segurando pelas mãos – por isso preciso que você acredite em mim. Queremos salvar seu pai, queremos salvar sua família, mas também corremos riscos, porque estamos agindo contra o grupo.

– Que grupo Teofille? Os Vagalumes? O que os Vagalumes querem, afinal?

– Tudo seria mais simples se eu tivesse conseguido abrir o cofre do seu pai, mas ele é inviolável. Era minha principal missão em sua casa, mas não consegui. Se tivesse conseguido evitaria que a incendiassem.

– Mas agora vocês têm o cofre, o que mais podem querer?

– Não havia nada de interesse dos Vagalumes nele. Seu pai escapou da morte por um milagre e agora querem que ele viva para contar onde existe outro, por isso pediram para salvá-lo. Vão barganhar com ele a sua vida, ou de sua mãe e, acredite, não têm nenhum receio de executar qualquer ameaça. Por isso, por favor, se sabe onde está esse outro cofre, conte-me. Ainda podemos salvá-los.

– Seu pai já poderia estar acordado, Marie – falou Roquebert. – Tenho mantido ele neste estado para preservá-la. Assim que ele acordar será pressionado a falar onde se encontra o que procuramos e, se se recusar, usarão vocês para convencê-lo.

— Procuramos? Pensei que fora chamado apenas por ser médico... Então o senhor também está envolvido nesta trama?

— Desde o princípio, minha amiga. Lamento. Meu pai fazia parte dos Vagalumes e foi perseguido por Napoleão. A família foi destruída... mas eu também fui enganado. Entendi que o grupo se reuniria novamente, mas a motivação principal desta ação era apenas uma farsa, uma vingança.

Marie gostaria de fazer muitas perguntas, mas era fácil perceber a gravidade da situação. Seu pai, recostado na cabeceira da cama, tinha profundas olheiras e o rosto estava muito pálido, como se estivesse sem vida. Na parte da camisa branca que aparecia sob a coberta, ela podia ver uma grande mancha de sague escurecido.

— O que fizeram com ele? — perguntou, embora sua mente, apesar da dor e da tensão do momento, a avisasse que estava ganhando um pouco de tempo para organizar os pensamentos.

— O chefe do grupo tentou matá-lo.

— Flammarion Duncert?

— Sim, mas, quanto menos sobre nós souber, melhor será, acredite em mim — respondeu Roquebert, adiantando-se a Teofille. — Quando pensou que o cofre já estaria conosco, ele atirou em seu pai, porém, o tiro passou pelo ombro. Parece incrível pensar que tenha errado, pois estava muito próximo, mas foi o que aconteceu. Duncert tem uma doença que o faz tremer e, avaliando o estado em que encontrei seu pai algumas horas depois, creio que uma dor súbita no peito, devido à angina, fez com que se dobrasse. Ao menos é o que penso que deve ter acontecido e é por isso que temos que cuidar para que não tenha outro ataque. É impressionante que tenha sobrevivido...

— Este homem é um monstro — falou Marie, agora entre soluços.

— Ele estará aqui pela manhã. Temos pouco tempo.

— E se tiverem o que procuram? Como vou saber se ele não vai matar papai, ou mesmo a mim e mamãe?

— Se você nos ajudar, eu simularei a morte dele, assim como já fiz com Teofille, na vez que você o encontrou morto no hospital. Já perdemos muito tempo aqui, Marie. Tenho certeza de que ele não irá atrás de vocês – falou Roquebert, demonstrando que estava bastante inteirado das ações do grupo.

Por alguns instantes Marie ficou olhando para Roquebert e seu rosto estava tomado pela incredulidade. Então fora ele quem ajudara Teofille a sair do hospital e aparecer em sua casa? Então não havia um sósia? Mas quem atacou Filomena então? Onde estava Filomena?

Teofille, ao perceber que a mente de Marie era uma tempestade de dúvidas, puxou-a novamente para si e a abraçou, sentindo os repentinos soluços dela serem sufocados em seu peito. Marie, por sua vez, ao mesmo tempo em que sofria e realmente chorava, como era seu hábito mesmo em situação tão caótica, dividia a mente e refletia sobre o que deveria fazer. Entendeu que não tinha saída. Era necessário aceitar a ajuda que lhe ofereciam, mesmo que tivesse ainda tantas dúvidas não sanadas, que espicaçavam seu pensamento, mas era a vida dos pais que estava em jogo. Poderia perder tudo, ficar na miséria, desde que Philippe e Suzette estivessem ao seu lado, e nada do que pudesse estar nesse cofre seria mais valioso do que a vida dos dois.

— Então precisamos ir até a minha casa novamente, senhor Teofille – falou, afastando-se lentamente, mas com firmeza, do seu abraço. Amor e mágoa se misturavam rapidamente e transbordavam do seu coração, afinal, mesmo que estivessem tentando salvar sua família, eram as pessoas que tentaram destruí-la. Teofille, por sua vez, ao perceber a reação de Marie, tentou argumentar.

— Perdão, Marie, eu...

— Já me pediu perdão uma vez e eu não podia saber o motivo. Na verdade, era impossível saber. Meu pai abriu nossa casa para o senhor e veja onde ele está agora. Então vamos tentar solucionar o que podemos para depois pensarmos em mágoa e perdão – falou Marie, andando e parando na porta do quarto, indicando que não queria perder mais nenhum tempo.

Capítulo 31

Angers, 11 de abril de 1876

A caleça trafegava sem alardes pelas ruas, escolhendo as menos movimentadas, embora já estivessem perto da meia noite e poucas pessoas ainda não houvessem se recolhido. Marie tentava encontrar respostas, mas quase nenhuma delas era definitiva. Aplicava a lógica, como lhe ensinara o professor Chambot, mas sempre faltava algum elemento no emaranhado de situações em que estava envolvida. Chegou a pensar em perguntar para Teofille, que ia ao seu lado, com o capuz cobrindo a cabeça e muito atento a tudo, mas um misto de rancor e paixão se instalara em seu peito e tinha medo até de abrir a boca para falar. Temia não conseguir segurar as palavras e era óbvio que precisavam não chamar a atenção. Era fácil, mesmo sabendo tão pouco, entender que Flammarion Duncert era um fanático e, quando um fanático tem algum motivo para se vingar, nada o detém. Por isso, tentando acalmar um pouco sua angústia, preferiu fazer outra pergunta.

— Filomena ainda está viva?

— Sim, mas... não creio que eu possa lhe dar mais respostas.

— Não se preocupe, não farei mais perguntas sobre isso. Posso saber o que procuram? O que existe de tão importante nesse cofre, além de um livro insano que precisava ser publicado?

– Uma joia de alto valor que não pertence ao seu pai, além de documentos que ainda podem comprometer muitas pessoas influentes.

– Como saberei se libertarão ou não meu pai depois que encontrarem o que procuram?

– Ele estará lá pela manhã, senhorita, mas não vá com a polícia. Precisamos de um tempo e, se Flammarion Duncert entender que o traímos, mesmo tendo o que quer, poderá voltar e será ruim para todos. Deixarei as portas destrancadas.

– Não se preocupe senhor, apenas eu e Pascal buscaremos papai. Acredito que a polícia possa estar na casa do doutor Beaumont. Pascal pode ter avisado o comissário do meu desaparecimento, por isso o senhor me deixará próximo à casa e aguardará até que Pascal vá buscar Alphonse e Juliette. Os manterei afastados por tempo o suficiente para que possa encontrar o cofre onde já lhe indiquei. Há uma caixa de ferramentas no depósito ao lado da segunda casa, apanhe o que for necessário para remover a argamassa que prende as placas de ardósia.

Marie não encontrou nenhum policial vigiando a casa do médico, como já esperava, porque havia pedido discrição a Pascal, mas encontrou-o sentado no banco do jardim, onde já o esperava encontrar. Quando este a viu entrando pelo portão principal da casa, correu para ela e ainda parou por uma fração de segundos à sua frente, mas não conseguiu controlar mais seu ímpeto. Abraçou Marie e Marie abraçou Pascal, e ambos choraram, quase que convulsivamente. Ela sabia que a paixão por Teofille havia se transformado rapidamente em outro sentimento, mas ainda não sabia que sentimento era esse. Agora, nos braços de Pascal, sentia-se segura e protegida. Seria por que Pascal era quase como um irmão, ou poderia haver entre eles qualquer outro tipo de afinidade? Já havia abraçado Pascal quando era ainda mais nova, mas não sentira toda a proteção que sentia agora.

Eu Queria Ser Allan Kardec

***

Ainda era noite quando a carruagem da família, que levava mãe e filha, parou na porta onde estava Philippe de Barrineau, e Marie a encontrou devidamente aberta, como havia prometido Teofille. Porém, o quarto estava vazio e o coração de Marie ficou descompassado. Uma vela, quase no final, ainda estava acesa sobre a mesa. Quando ela e Pascal voltaram pela porta onde há instantes haviam passado, o olhar de angústia da mãe pela janela da carruagem foi mais uma pontada de dor em seu coração. E agora?

– Não temos outra saída, mamãe. Teremos que recorrer à polícia. A quem poderíamos pedir ajuda agora? – falou Marie, sentando ao lado da mãe

Tão logo Marie falou, ouviram o trotar de um cavalo e logo uma caleça virou a esquina mais próxima, vindo na direção deles. Suzette e Marie, dentro da carruagem, apenas ouviam a aproximação, enquanto Pascal puxava a pistola que trazia dentro do casaco. A claridade do dia começava a espantar as sombras da noite, mas ainda não havia mais nenhuma movimentação e isso fazia qualquer som ficar mais evidente. Marie colocou a cabeça para fora da janela e viu que era uma caleça conduzida por um cocheiro e mais uma pessoa, que tinha longos cabelos loiros espalhados pelos ombros. Ao passar ao lado da carruagem, a menina não falou nada, apenas sorriu e manteve o olhar fixo nela, enquanto a caleça se distanciava. Era a mesma que a havia trazido no começo da noite até ali. Também era a mesma menina e não foi preciso que ela falasse para Marie saber o que fazer. O cocheiro ao lado dela parecia ter baixa estatura, deveria ser o mesmo homem estranho e sem dentes, que Marie não gostava de lembrar.

A caleça seguiu na frente da carruagem sem aumentar a velocidade, passando pela *pont de Verdun* e virando à esquerda, seguindo pela margem do Maine para fora da cidade. A neblina era densa e a caleça, cerca de cinquenta metros à frente, parecia uma mancha disforme quando virou à direita e se distanciou do rio, subindo uma colina e virando novamente à esquerda, já fora da cidade. Marie sabia bem que rua era aquela, mas isso somente aumentava sua confusão, se isso era possível. Mãe e filha não falavam e a tensão parecia aumentar a cada metro do caminho. Estavam indo ao encontro de uma solução ou eram vítimas de mais uma emboscada? Tinham agido certo por se envolverem ainda mais sem chamar a polícia?

Quando a caleça contornou a casa do professor Chambot e parou no gramado dos fundos, a menina saltou e veio na direção da carruagem, parando a poucos metros dela.

– Por que nos trouxe aqui? – perguntou Marie, mas a menina não respondeu, apenas fez um sinal para que a seguissem, enquanto ia para os fundos da casa.

– Onde estamos? – perguntou a senhora Suzette.

– Esta é a casa do professor Chambot, mamãe, aonde eu vinha toda semana... e não me olhe assim, porque também não tenho a mínima ideia do que isso quer dizer.

A casa estava toda fechada e com tábuas pregadas nas portas e janelas, como se não houvesse ninguém mais morando nela. Os três seguiram a menina, mas, ao chegar à porta dos fundos, que dava direto para a cozinha e estava aberta, não encontraram mais ninguém. Perto dali estava a caleça, mas vazia.

Marie, a mais decidida sempre, entrou pela cozinha e foi para dentro da casa, passando pela sala e indo direto na direção de um quarto de onde vinha um pouco de luz. As janelas da casa estavam fechadas e a luz do sol, que começava a tentar romper a bruma, ainda não clareava nada dentro dela.

Marie entrou pelo quarto e a um passo atrás dela entraram a mãe e Pascal. Um castiçal na cabeceira da cama iluminava o quarto espaçoso onde Philippe de Barrineau estava deitado, mais parecendo morto do que vivo.

– Meu Deus! – falou Suzette, correndo para o marido, enquanto Marie apanhava a mão do pai e sentia seu pulso.

– Graças a Deus ele esta vivo. A pulsação é fraca, mas ele está vivo – falou a filha, entre lágrimas, puxando a coberta que cobria o peito do pai e deixando que a mãe visse a grande mancha de sangue enegrecido que tomava quase toda a camisa.

– Eu não poderia morrer sem me despedir, não é? – balbuciou Philippe, sem abrir os olhos, causando espanto e euforia.

As duas choravam e falavam ao mesmo tempo, sem que prevalecesse nenhum raciocínio lógico, fazendo com que Philippe se esforçasse ainda mais para que sua voz fosse ouvida, quando pediu: – Tenham calma, senhoras, tenham calma, assim não iremos a lugar algum. Acabo de acordar de um pesadelo e fico feliz por estarem aqui, mas o que está acontecendo?

– Ah! Papai, são tantas coisas. Pensávamos que estava morto, mesmo que em nossos corações existisse uma esperança.

– Eu também pensava que poderiam estar mortas. Eu fui sequestrado e Flammarion Duncert tentou me matar, atirou de muito perto, mas antes disse que incendiaria a nossa casa com vocês dentro. Vocês estão vivas de verdade ou todos morremos e estamos nos reencontrando no mundo dos espíritos?

– Estamos todos vivos no mundo material, meu querido. Não tema. Realmente, nossa casa foi incendiada, mas não estávamos dentro – falou Suzette.

– Eles incendiaram tudo? O que fizeram com a adega?

– A adega ainda está lá, papai, mas creio que não é o momento para falar tanto. Vamos antes levá-lo ao médico.

– Médico? Eu tive pesadelos horríveis e agora não sei mais o que foi real ou sonho. Algumas vezes vi o doutor Roquebert me dando algum remédio, outras vezes sentia muita dor, mais forte do que a que sinto agora se tentar me mover. Roquebert esteve aqui? Por falar nisso, onde estou? Que lugar é esse?

– Está em minha casa – falou o professor Chambot, que chegara à porta do quarto sem que ninguém tivesse percebido sua aproximação. – Achei que aqui era o local mais seguro para que fosse trazido.

– Oh! Professor, como é bom vê-lo. Tenho tantas perguntas... Mas...

Marie interrompeu as palavras porque o raciocínio, por mais que a mente estivesse aturdida, teve um breve clarão de entendimento. Como o professor poderia decidir qual o local mais seguro para trazer seu pai? Por que seu pai estava na casa dele, afinal?

O professor não falou mais nada e se aproximou da cama, parando aos seus pés. Seu olhar estava fixo em Philippe, e o de Philippe estava fixo no dele. Um silêncio tenso tomou conta do ambiente, tanto que, mesmo sem saber o motivo, num impulso Pascal colocou novamente a mão na coronha da pistola, por dentro do casaco, sem atinar no que estava fazendo.

– Papai – falou Marie, tentando diminuir a tensão – este é o professor Chambot e o senhor está na casa dele. Não era assim que eu pensava em apresentá-los, mas...

– Como vai, caro Philippe, meu velho amigo? Fico feliz por estar vivo.

Philippe não respondeu. Olhava para o professor, mas a mente corria pelo passado encontrando muitas respostas. Como ele pode ser tão descuidado? Como pode deixar a filha ter aulas com este professor sem tê-lo conhecido, depois de tudo o que acontecera no passado? Como pôde confiar apenas na severidade da irmã Deodore?

– Meu velho amigo? Vocês se conhecem? – perguntou Marie, sem controlar mais a ansiedade. – Alguém aqui pode me explicar alguma coisa antes que eu enlouqueça? Como o senhor pode conhecer o professor Chambot, papai?

– Por que o seu professor Chambot é apenas um disfarce, minha filha. Este homem se chama Henri Bautan.

– Meu Deus! Henri Bautan, o homem que escreveu o livro... Mas...

– Henri Bautan está morto – falou Chambot, interrompendo Marie. – Não porque ele quis, mas porque foi necessário, e não apenas porque Napoleão o perseguiria e poderia mandar matá-lo, ou mandá-lo para a *Île du Diable,* como fez com tantos. Não, não foi por isso, apenas. Henri Bautan morreu porque não havia mais lugar para ele aqui dentro – terminou de falar, apontando para o peito e agora olhando para Marie, que olhava para ele e para o pai alternadamente, ainda perplexa diante da situação.

– Há um emaranhado de farsas e mentiras ao seu redor, Henri. Sempre houve e parece que nada mudou. Quantas vezes ainda vai tentar me enganar?

– Você tem toda razão, caro amigo, toda razão. Não tenho como contestar – respondeu Chambot, puxando uma das cadeiras que rodeava a pequena mesa do quarto e oferecendo-a à senhora Suzette, que estava em pé ao lado da cama, enquanto Marie permanecia sentada na cabeceira, ao lado do pai. Depois disso, puxou a outra cadeira para si e falou para Pascal: – Você é bem mais jovem, então pode buscar uma cadeira na cozinha para sentar-se.

– Estou bem em pé, senhor – respondeu o jovem, repentinamente tirando a mão da pistola.

– Ah, está bem, mas talvez se canse, porque, acredito, esta conversa será longa.

Capítulo 32

Angers, 12 de abril de 1876.

Assim que Chambot sentou, a menina de longos cabelos loiros apareceu no quarto e todos a olharam, no mesmo instante. Ela sorriu. Usava um vestido azul-claro e trazia algumas rosas brancas nas mãos. Depois de alguns segundos, quando sentiu que se acostumaram com sua presença, entregou uma rosa para cada pessoa, sem dizer palavra. Embora a tensão natural da situação, todos sentiram um breve alívio. Todos pareceram respirar mais fundo e procurar em si alguma calma.

– Como é seu nome? – perguntou Marie, quando ela parou na sua frente e não saiu, depois de entregar a ela a maior de todas as flores. Mas a menina não respondeu. Após mais um momento extática, como já havia feito outras vezes, deu um passo e beijou seu rosto, para sair andando rápido, logo em seguia.

– O nome dela é Beatriz – falou Chambot. – Sabe o que significa Beatriz, minha aluna?

– Aquela que traz alegria, amor e paz – respondeu Marie.

– Oh! Sim, sim. Sem dúvida, você sempre foi minha melhor aluna. Beatriz é a própria paz. Talvez por isso é que ela fale tão raramente. Poucas vezes até hoje ouvimos sua voz. Um médico já a examinou e disse que, aparentemente, não há nada de errado, mas ela parece preferir o idioma do bem para se comunicar, como acabou de fazer. Beatriz é filha de Bastien, que é meu filho. Portanto, ela é minha neta.

– O que ainda quer de nós, Henri? Já devem ter descoberto que no cofre da casa não havia nada de interesse do grupo – falou Philippe, mas não olhando para Chambot. Falou quase que para si mesmo, como se estivesse conjecturando.

– Eles já pegaram o que queriam, Philippe. Marie foi sapiente negociando bens que não mais lhe interessam pela sua vida. Creio que não estaria vivo se não fosse por ela.

– Perdoe-me, papai – falou Marie, acariciando os cabelos de Philippe. – Não tive outra alternativa...

– Não há motivo para me pedir perdão, minha filha. Além do mais, Henri tem razão, você não deu nada que me interessasse. Aquele cofre guardava uma tentativa de protegê-las, nada mais. Mesmo que eu tivesse queimado os documentos que estavam lá, quem acreditaria? E *La Dame Bleue* estava guardada para a família Bautan, mas nunca encontrei ninguém para restituí-la. Agora, não são mais problemas meus, mas Duncert vai aceitar que eu esteja vivo? Não vai querer terminar sua vingança? – perguntou Philippe, olhando para Henri.

– Tudo tem um preço, Philippe. Até mesmo a vingança tem um preço e eu a comprei de Flammarion. Como disse, por direito a joia era da minha família e ele a levou em troca de deixá-los em paz.

– E o que mais, Henri? Em troca também da publicação do livro *La Liberté*? – perguntou Philippe, colocando jocosidade nas palavras.

– Sim, fiquei com o livro, até alguns minutos atrás, quando o queimei. Queimei um sonho tolo de uma pessoa chamada Henri Bautan, que terminou de morrer, definitivamente, quando aquelas páginas queimaram. Com ele morreu os últimos restos de egoísmo, de vaidade, de prepotência. O que sobrou, meu caro, foi somente arrependimento e amor. Eu vim para Angers pensando somente em mim, em satisfazer minhas torpezas. Quem chegou nesta cidade foi um homem que não admitia mudar, que era amargo e rancoroso, mas que achava que ainda poderia ser reconhecido e admirado por trazer ao mundo uma doutrina nova, revolucionária. Um homem que, por ter perdido um amor um dia, pensava que o amor era uma ilusão para os idiotas. Um homem que não sabia amar.

Chambot falava sem olhar para ninguém. Tinha os olhos baixos e as mãos unidas sobre o colo, segurando a rosa que Beatriz trouxera. Depois de um momento de reflexão, diante do silêncio e da expectativa que havia gerado, continuou:

– Eu cheguei a Angers pensando também em me vingar de Philippe de Barrineau. Em minha estúpida interpretação dos fatos, só havia um vilão alcançável, chamado Philippe. Foi fácil me deixar seduzir e, assim, coonestar meus motivos. Como somos bons nisso, não é? Somos capazes de construir todo um universo para que nossas torpezas se acomodem, sem precisarmos nos mover ou sair do confortável espaço onde mora nosso egoísmo. Eu acreditei no que os espíritos falavam através de Françoise porque aquela doutrina era muito confortável ao meu imenso egoísmo.

– Então partiu de você toda esta trama? Foi você quem trouxe Flammarion de volta? – perguntou Philippe.

– Eu não teria este poder, mesmo porque, faz pouco tempo que os inimigos de Luís Napoleão começaram a ser esquecidos. Mas sempre tivemos poderosos no nosso grupo. Muito poderosos, por sinal, e um destes queria *La Dame Bleue*. Ele ia comprá-la quando você apareceu em Paris e a levou. Já tinha visto a joia e estava deslumbrado. Além do mais, o dinheiro da corrupção jorrava dos seus cofres. Foi ele quem me procurou e disse que nunca tinha esquecido aquela preciosidade. Foi ele quem conseguiu soltar Flammarion Duncert, a meu pedido. Minhas ligações com Duncert sempre foram muito fortes. Mas o trabalho deste corrupto poderoso termina aí, o restante ficou a cargo de Flammarion e de mim. Então elaboramos uma trama e estava tudo indo muito bem. Conseguimos colocar Isabelle na sua casa por que a irmã Deodore sabia detalhes da vida de Filomena, a antiga governanta. Não, antes que pensem que Isabelle a matou, não, sua morte foi um infortúnio que agiu a nosso favor.

— Oh! Irmã Deodore! Ela estava no quarto perto do hospital ontem. Até ela? Como pôde? – perguntou Marie.

— Pôde porque ela é minha mãe, Marie. Quando meu pai foi preso e deportado, minha mãe quase enlouqueceu. Havíamos perdido a maior parte da nossa fortuna e sobrara apenas algumas terras, com as quais ela comprou seu lugar na Igreja. As mãos frias do destino é que a trouxeram para Angers, mas foi sua consciência desalinhada que a fez aceitar novamente o filho que havia abandonado. A princípio ela não sabia dos nossos planos e nos passou informações ingenuamente, assim como aceitou a presença de um dos nossos líderes no hospital. Roquebert é mais um que Napoleão feriu.

— O nome de sua mãe não era Deodore – falou Philippe, com alguma ingenuidade.

— Ela mudou de nome, simplesmente. Não queria mais lembranças do passado.

— Isabelle como Filomena e, suponho, Bastien como Teofille, ou estou enganado? – perguntou Philippe, com voz baixa, quase sussurrada, como se entendesse que precisava controlar as forças e as emoções, deixando ainda mais aflitas mãe e filha.

— Sabíamos que iria a Paris e foi fácil fazer chegar ao seu hotel um convite para a apresentação que Teofille, ou Bastien, faria na capital. Ele já tinha uma fama considerável quando foi cooptado pelo grupo, um tanto à revelia de sua vontade. Isabelle é casada com Bastien, e mãe de Beatriz. Ela entrou em sua casa para nos passar informações necessárias antes que Bastien viesse. Mas não veio apenas Bastien. Veio também René, seu irmão gêmeo. Não lembra deles, Philippe? Você os conheceu no passado.

— Os meninos que estavam no número 4 do *Place de Vosges*. Mas eles eram filhos de Duncert?
— Não, meu amigo. Meus filhos... meus filhos. Meus filhos com Françoise. Ela os teve quando ainda era muito nova, pouco tempo depois que a conheci. Foi por isso que Flammarion a colocou para fora de casa, mas depois a perdoou, porque eu nunca fui um pai para eles. Bastien arrojou-se pela vida e acabou trabalhando em circos, aprendeu a ser mágico, a fazer truques, mas também descobriu que era médium e transformou-se em Teofille, começando a fazer sucesso rapidamente com suas apresentações. Foi quando conheceu Isabelle, que era filha de um comerciante em Bruxelas. Eles fugiram quando Isabelle ficou grávida de Beatriz e o pai dela, ao descobrir, teve um colapso e morreu. Teofille foi acusado do crime e tornou-se um foragido. Bastien e Isabelle nunca quiseram lesá-lo, por que não tinham nada contra sua família, Philippe, mas René tinha. René cresceu alimentado pelo ódio por aquele que ele julgava ter feito seu pai desaparecer, seu avô ir para a *Île du Diable* e sua mãe morrer. Então René, que sabia do que acontecera em Bruxelas, chantageou-os e fez com que aceitassem participar do nosso plano.
— Então eram dois? Então eu não estava enganada quando vi Teofille morto no hospital? — falou Marie, ao mesmo tempo assustada e excitada por conseguir desvendar mistérios que insistiam em rodopiar em sua mente inquieta.
— O corpo que estava no hospital era o de René. O incidente foi um ardil para infiltrar Flammarion Duncert na casa de vocês. Bastien já havia tentado abrir o cofre, mas não havia conseguido, mas Flammarion era muito hábil nisso e acreditava que conseguiria. Acredito que seria tudo mais fácil se tivesse conseguido. A ação daquela noite foi planejada por Roquebert e, quando Isabelle, ou Filomena, mandou-as para a casa de Alphonse, Flammarion, que esperava na rua, entrou logo em seguida.

— "Um dos nossos se apaixonou por Kardec" – falou Philippe, ainda baixo e agora de olhos fechados, buscando lembranças do que conversara com Duncert, tentando entender todos os meandros da situação.

– Veja só, caro senhor Philippe de Barrineau. Fizemos tudo isso e um dos nossos colocou tudo a perder por causa do coração, mais uma vez. Mas não foi apenas um que se apaixonou por Kardec, não, foram mais. Quando Isabelle entrou em sua casa, agiria indiferente à família, submetendo-se por não ter outra opção. Uma mulher que nunca teve a devida atenção, nunca aprendera a ler, de repente se via cercada de pessoas carinhosas e que lhe mostravam o mundo de conhecimentos que há nos livros, através da palavra firme e concisa de Allan Kardec. Que livros sua filha foi escolher para ensiná-la a ler! Não ensinou apenas a ler, mas também a pensar diferente. Dois amores cresceram rapidamente no coração de Isabelle: pela família Barrineau e por Kardec e sua luminescente verdade. Como ela poderia continuar prejudicando a quem amava depois de entender sobre certo e errado, ação e reação, amor e caridade? Como? Então ela começou a protegê-los como podia, mas René descobriu o bilhete que ela pediu para Beatriz lhes entregar. Era ele que estava no lugar de Bastien na manhã em que o senhor teve um ataque de angina. René é ator, trabalhou em muitos teatros em Paris para sobreviver e sabia se passar pelo irmão com facilidade, então eles se revezavam. René leu o bilhete e descobriu a traição de Isabelle. Na noite em que Bastien fazia de conta que Kardec falava por ele pela segunda vez, René pressionou Isabelle, mas ela resistiu e falou que defenderia a família Barrineau até a morte, e foi quase o que aconteceu. Felizmente Beatriz estava por perto e os seguiu. A menina é inteligente, muito inteligente. Não apenas salvou a mãe, como também denunciou o próprio pai à polícia, porque sabia que o comissário o levaria preso para um lugar onde estaria protegido de Duncert e René. René é meu filho, mas...

Chambot parou de falar porque ouviram passos pela casa. O silêncio no quarto era quebrado só pelo falar calmo e pausado do professor, e as tábuas do assoalho rangeram deixando pai e filhas novamente ansiosos, e Pascal com a mão na coronha da pistola, mais uma vez. Porém, quem apareceu na porta do quarto foram Teofille e Filomena, esta ainda abatida e com marcas de ferimentos no rosto. Estavam de mãos dadas e Filomena chorava, desde antes de vê-los. Beatriz, com um sorriso meigo no rosto, se aproximou logo em seguida e abraçou a cintura da mãe. Não havia palavras para aquela situação, por isso, Marie levantou e foi até Isabelle e Beatriz, abraçando-as carinhosamente. O choro que tentava ser contido transbordou entre as duas, enquanto Beatriz sorria.

– Perdoe-nos, senhora, por favor...

– Não tenho o que lhe perdoar, Isabelle. Antes, tenho que lhe agradecer.

– Sua bondade trouxe luz a uma vida de sombras. Como eu poderia agir diferente depois de conhecer *O livro dos espíritos*? Eu passava noites em claro lendo-o. Fiz com que Bastien também o lesse e ele também ficou sensibilizado. Ele lia sobre a história de Kardec por que precisava de informações para suas apresentações, mas nunca havia estudado seus livros profundamente.

– Antes de tudo acontecer ele já havia me pedido perdão, Isabelle, mesmo que eu não entendesse o que significava naquele momento – falou Marie, colocando sua mão sobre o braço de Bastien, que também tinha os olhos molhados, como se estendesse a ele o que dizia o abraço que dava em Isabelle. A paixão que havia por Teofille rapidamente dissipou-se em seu peito e foi como se um grilhão se abrisse, libertando-a.

– Foi na noite em que René ficou em meu lugar, *mademoiselle*. Quando ele me substituiu, logo depois de Filomena deixá-lo entrar sem ser visto, saí do meu quarto e não me contive, entrando no seu – falou Bastien. – Na verdade, Flammarion viu quando Beatriz entregou a carta em sua casa assim que saímos para o hospital para desvendarmos o mistério do morto igual a mim. Fazê-la levar a carta era uma maneira de não levantar suspeitas sobre nós, que estávamos nas mãos do grupo. Se Isabelle simplesmente deixasse uma carta anônima na mesa do seu pai, chegariam a ela e isso poderia colocar todos em perigo maior. Porém, era para Duncert estar aguardando a nossa passagem mais distante, não sabíamos que estava tão perto da casa. Por isso ficou desconfiado e colocou René para descobrir o que estava acontecendo.

– Ainda estou curiosa para entender como este seu irmão poderia ter aparência de morto no hospital – falou Marie.

– Roquebert é um estudioso do assunto e, na verdade, não é uma pessoa má, talvez apenas idealista demais. Quando Filomena foi salva por pescadores, preferiu também deixá-la sedada, como fez agora com seu pai, porque ela poderia entregar o grupo, enquanto que René e Duncert pediam para que ele a matasse. Para que René se passasse por morto, usou dosagens mais potentes, a ponto de enganar até a irmã Deodore, mas o liberou assim que o fez acordar. René encontrou Flammarion em seguida e soube que este não tinha conseguido abrir o cofre, assim como soube da carta que Beatriz entregou. Então resolveu me substituir para descobrir o que era a carta. Não foi apenas uma vez que nos revezamos neste papel desde que cheguei em sua casa... Lamento. Nas vezes em que pude, tentei lhe deixar pistas do que estava acontecendo, como no dia em que pedi para perguntar a Pascal, porque sabia que ele tinha me visto entrar no quarto de Isabelle. Eu e ela estávamos tentando encontrar uma maneira de protegê-los sem que o grupo suspeitasse. Temíamos principalmente por Beatriz, que morava aqui ao lado, na casa menor, com o avô e o tio. Perdoe-nos, por favor.

– Se agiram sob chantagem, como posso condená-los? Tenho certeza de que papai e mamãe também os perdoarão – falou Marie, voltando para o lado do pai e sentando à cabeceira da cama, como estava antes, com um sorriso meigo em seu rosto, ainda molhado pelas lágrimas. Havia uma calma medida em suas palavras e Chambot sorriu, porque percebia que ela estava se organizando mentalmente e, finalmente, conseguindo resolver os mistérios que a atormentavam.

— O que mais você quer saber, Marie? — perguntou o professor.

— Creio que papai precisará ficar mais um pouco em repouso até que possa ser levado para casa. Sendo assim, e já que estamos encontrando alguma paz aqui através do perdão, como nos ensina a doutrina de Kardec, gostaria sim de fazer mais algumas perguntas, se papai permitir.

Philippe, que permanecia mais tempo de olhos fechados, olhou para Chambot tentando dissimular uma expressão de apelo, porém, o professor ficou impassível. Então, entendendo que nada seguraria a filha de fazer perguntas, assentiu:

— Pergunte o que quiser, Marie, afinal, eu também ainda estou curioso por algumas respostas.

— Quase todas as minhas dúvidas já estão resolvidas, então, são poucas perguntas. A primeira, e que qualquer um dos dois pode me responder: o que está escondido nas perguntas 359 e 814 de *O livro dos espíritos*?

— Ah! Ótima pergunta, como sempre — falou Chambot, com um sorriso. Deixo a você as respostas, caro Philippe.

— Quem lhe dará estas respostas sou eu, minha filha — falou Suzette para a surpresa de todos. — Creio que é hora de você saber algumas coisas através de mim e não de outras pessoas.

— Mamãe, assim a senhora me assusta. Parece que há mais mistérios nestas perguntas do que eu imaginava.

— Bem mais, minha filha, bem mais. Na noite em que Teofille se fez passar por Kardec, seu pai me trouxe o assunto, por isso é melhor que eu explique, porque também muito me interessa. A pergunta 814 refere-se a um endereço em Paris. Somando-se 8 + 1 + 4, temos o número 13, e somando-se 1 + 3, chegaremos ao número 4. Um número que ficou na memória do seu pai pelos episódios que aconteceram neste endereço, no *Place des Vosges*, próximo ao número 6, onde morava Victor

Hugo. Foi no número 6 que ele escreveu grande parte de *Os miseráveis*, e a pergunta 814 refere-se à miséria. Não foi difícil para seu pai entender a que livro o suposto Kardec se referia, partindo destas informações.

– Então era um enigma que eu jamais conseguiria desvendar sem mais informações – comentou Marie, aparentando estar mais preocupada com sua capacidade de resolver mistérios do que com os fatos neles envolvidos. – E a pergunta 359? Por que minha intuição diz que ela tem a ver com esta Françoise, que citaram há pouco, e que é mãe de Bastien e René? – perguntou Marie, percebendo um evidente desconforto em todos.

Quando Suzette ia começar a responder, Philippe levantou a mão e pediu para que ela esperasse. Depois, com a outra mão segurou a da filha, e Marie assustou-se por esta estar muito fria.

– Oh! Papai, o senhor não está bem. Creio que o assunto pode lhe fazer mal. Podemos parar e deixá-lo descansar.

– Não, Marie. Segredos são fontes de tensão para sempre e um dia rompem seus lacres, podendo causar muitos estragos. Parece que estamos vivendo uma situação abençoada por Deus aqui. O perdão parece pedir licença em nossos corações, então, não vejo melhor hora para romper alguns lacres. Creio que todos ficarão mais livres.

– Estou com medo, papai. Não pensei que poderia haver tanta preocupação em torno desta pergunta – falou Marie, olhando para o pai, que demorou ainda alguns segundos de olhos fechados antes de falar, como se estivesse reunindo memórias para isso.

– Um pouco antes de conhecer sua mãe, eu tive um relacionamento com Françoise, porque não sabia que ela era casada com Henri Bautan e já tinha dois filhos com ele. Na verdade, só soube sobre os filhos agora. Deste relacionamento nasceu uma criança. Eu já estava casado com Suzette quando reencontrei Françoise, no número 4 da *Place des Vosges,* e ela estava prestes a dar à luz. Foi somente neste momento que descobri ser o pai da criança que estava por nascer, porém, o parto era arriscado e ambas poderiam morrer. O médico que estava no local queria abrir a barriga de Françoise para retirar a criança, mas queria que eu o autorizasse. Françoise pediu para salvar a criança e parecia não se importar em morrer. Era uma decisão difícil, muito difícil. Juízos morais são sempre difíceis e minha razão estava aturdida demais com a notícia de que seria pai. Então recorri à pessoa mais racional que eu conhecia, meu bom amigo Rivail, e ele me orientou usando-se da pergunta 359 do seu livro. Porém, quando voltei, tudo havia se precipitado. O médico, diante da piora do quadro, fez a cirurgia e salvou a criança, mas não conseguiu salvar a mãe. Flammarion Duncert estava presente e mais dois meninos, aos quais não dei muita importância na época. Nenhum deles me perdoou – falou Philippe, ainda de olhos fechados e em voz baixa, parecendo medir cada palavra. Depois de uma breve pausa, continuou: – Mesmo que tenha sido esperto usando estas duas perguntas para tentar me enganar, senhor Henri Bautan, e confirmando agora toda a farsa, fico ainda em dúvida de como soube qual pergunta Kardec usou para me orientar.

– Eu estive com ele, Philippe. Napoleão me perseguia ainda mais depois que Flammarion fora condenado, mas eu queria saber onde estava meu livro. René, ainda criança, o seguiu até o número 8 do *rue des Martys*, então eu sabia com quem tinha ido falar. Apesar de saber dos meus erros, Denizard me recebeu com cortesia e respondeu minhas perguntas. Ele me contou que o *La Liberté* ficou em seu poder por um tempo, mas depois o mandou para você pelo correio, porque não tinha nada a fazer com ele.

– O que aconteceu com a criança? – perguntou Marie, interrompendo a conversa entre o pai e Chambot, e Suzette assustou-se com o olhar inundado de lágrimas que a filha lhe dirigia, como se nele houvesse um pedido de socorro. Marie estava lívida e, depois de olhar para mãe, olhou para o pai e para Chambot, mas ninguém queria sustentar seu olhar, por isso ela completou: – Era um menino ou uma menina?

Sua mãe, já em pranto, levantou de sua cadeira e foi até ela. Não resistiu ao seu mudo pedido de socorro e a abraçou com ternura, fazendo transbordar do coração todo seu amor.

– Uma menina, minha filha. Seu pai me chamou a Paris e me entregou uma menina. Estávamos casados há pouco e pouca gente sabia do nosso casamento, então foi fácil me esconder por alguns meses. Uma menina, minha filha. A menina mais linda e doce que Deus poderia ter colocado em meu caminho. Um pedaço do sol na terra, que colocou luz em nossas vidas até hoje e será nossa luz para sempre.

Não houve mais palavras, somente silêncio e lágrimas. Emocionados, todos choravam. O exemplo excepcional de amor mais uma vez dado por Suzette abalava todos os corações. Como na noite em que pegou Marie pela primeira vez no colo em Paris, agora seu coração novamente inundava a vida ao seu redor de amor. Como não ser tocado pelo seu exemplo?

Isabelle era a mais emocionada, quanto mais quando Suzette pediu para que ela se aproximasse, unindo as três em um só abraço, para depois dizer:

– Não temos mais uma casa para que você possa cuidar, Isabelle, mas creio que não demorará a reconstruirmos, então, não lhe faltará um lugar para viver, se aceitar nosso convite.

– Não mereço tanta bondade, senhora, não mereço. Somente agora pude entender o que é uma família, sua força, seu significado, tanto em sua casa como na de Pascal. Mesmo assim, minhas decisões dependem de Bastien.

– Mas creio que ele também seria bem-vindo. Tenho certeza de que Philippe conseguiria uma ocupação digna para ele, assim como pode defendê-lo da morte de seu pai, afinal, ele é meio-irmão de Marie.

– Desculpe-me, senhora – falou Chambot, ficando em pé com alguma dificuldade. – Desculpe-me, mas Marie não é meia-irmã de Bastien. Eles são irmãos verdadeiros.

Capítulo 33

Angers, 12 de abril de 1876.

As palavras do professor causaram uma rápida mudança nas vibrações do ambiente e Philippe chegou a tentar se recostar melhor na cama, mas gemeu com a dor do ombro ferido e voltou ao seu lugar, assustando as mulheres. Depois de acomodado, encarou Chambot e seu olhar cobrava uma explicação urgente.

– Eu nunca havia conseguido ser um pai para René e Bastien, como poderia ser um pai para a filha de Françoise? Não, não poderia, e ela sabia disso, e também sabia que a filha precisaria de alguém para lhe garantir o futuro. Qual mãe não ama desesperadamente seus filhos? Qual mãe não cometeria alguma insanidade para protegê-los?

Chambot fez a pergunta abrindo as mãos, como se tentasse advogar por uma pessoa que não estava mais ali para se defender. Ele falava pausadamente, sem pressa para desvendar mais um mistério que levantara, embora Philippe já soubesse o que ele queria dizer. Depois de alguns segundos, quando entendeu que todos haviam absorvido o que falara, continuou:

– Então ela escreveu a carta e eu a levaria até você, Philippe, juntamente com a criança, obviamente, mas tudo se precipitou. Ela só queria defender a filha, porque sabia que o verdadeiro pai jamais teria estatura moral suficiente para fazer isso.

– Verdadeiro pai! – falou Philippe, quase gritando. – Eu estive com Françoise no *réveillon*... Como...
– Você estava bêbado naquela noite. Nada aconteceu, nada. Na manhã seguinte, você partiu e, quando encontrou Françoise, meses depois, ela já estava grávida, mas nada lhe contou, porque sabia que o filho não era seu. Somente decidiu enganá-lo por ter certeza de que morreria ao dar à luz, talvez a única verdade que os espíritos lhe contaram.
– Então? – balbuciou Marie, ainda nos braços da mãe, que também estava lívida.
– Então Bastien não é seu meio-irmão, minha querida, e eu terei de pedir perdão a você eternamente. Bastien e René são seus irmãos, porque você é minha filha. Na primeira vez em que você esteve nesta casa, juntamente com a irmã Deodore, meu coração encontrou uma felicidade desconhecida e me perguntei como pude não sentir nada assim até aquele dia. Sua bondade, seu carinho abalaram-me tão profundamente que comecei a rever meus conceitos. Neste tempo eu precisava ler Allan Kardec, por que você me questionava o tempo todo sobre ele e era necessário que eu tivesse respostas. Nunca tinha lido Kardec, nunca. Havia em mim apenas inveja quanto a ele, que conseguira difundir sua doutrina, que era tão rígida pelo que diziam, enquanto que quase ninguém se interessava pela minha, tão aberta, tão leve. Por que acreditavam nos espíritos dele e não nos meus? Como demorei a aprender! Hoje sei que aprendi porque você fez florescer em mim o amor, Marie, e Kardec fez nascer a compreensão dos meus erros. Por isso, hoje não sou mais Henri Bautan. Como havia lhes dito, ele morreu. Por tudo o que aprendi com você e Kardec, abri mão da *La Dame Bleue*, por que era uma forma de proteger minha filha, e do livro *La Liberté*, que era uma quimera egoísta. Por isso exigi de Duncert que a levasse para longe quando a casa fosse incendiada e embora Benoît, o cocheiro, tenha quase matado Pascal, consegui salvá-la. Também tentei convencer

Duncert a não matar seu pai, mas com loucos nem sempre conseguimos o que queremos. Mesmo assim, sei que embora seja seu pai, não o sou de verdade. Seus pais estão aí, como sempre estiveram. Eu sou apenas um pecador que espera, com a verdade, fazer com que pensem no perdão, o que faria o final dos meus dias terem ainda alguma dignidade.

Embora a grande confusão emocional que aquela verdade trazia, ninguém teve tempo para maiores reflexões sobre ela. Assim que Chambot terminou de falar, ouviram que alguém havia entrado na casa correndo e logo chegou ao quarto. Era o cocheiro sem dentes e estava desesperado. Ele não falava, mas segurou Chambot pelos braços e emitiu alguns sons guturais, fazendo com que os que ainda não o conheciam entendessem que era mudo.

— O que houve Benoît? O que está acontecendo? Napoleão já morreu, não vai mais torturá-lo.

Sem conseguir se fazer entender, Benoît puxou a manga do casaco de Chambot enquanto fazia gestos para todos virem com ele. Não tardou para começarem a descobrir o que estava acontecendo, quando ouviram o barulho de pancadas no telhado e logo o cheiro de fumaça chegou até eles. Bastien ainda tentou correr para a porta da cozinha por onde Benoît tinha vindo, mas só teve tempo de vê-la sendo fechada por René, lentamente, enquanto este sorria com desdém do seu desespero. Ele poderia ter fechado a porta antes, mas fez questão de que alguém o visse, para que ficasse claro o que pretendia.

— Foi René — gritou Bastien. — Deve estar com Flammarion, não conseguiria agir sozinho. René já incendiou uma casa assim, ele enrola pano encharcado com óleo inflamável em pedras, e as joga acesas com uma pá. A pedra quebra o telhado e chega nas madeiras que pegam fogo mais rapidamente... a casa é toda de pedras...

— Ele não o perdoou, Philippe, nem a mim — falou Chambot.

— Ele vai matar a todos, precisamos fazer alguma coisa — insistiu Bastien.

— As janelas e as portas estão pregadas. Foi aqui que trouxeram você quando foi sequestrado, Philippe, por isso ele trancou tudo. Foi aqui que você conversou com Duncert e ele tentou matá-lo. Queria que a casa parecesse deserta. Só ficou sem pregar a porta dos fundos.

Enquanto Chambot falava, mais algumas pedras furaram o telhado e já havia muita fumaça saindo pelas frestas das tábuas do forro. Bastien e Pascal tentavam forçar janelas e portas, enquanto Philippe voltava a sentir o peito doer e o ar a faltar.

Ao perceber isso, Marie ajoelhou-se ao lado da cama e falou, segurando sua mão:

— Papai, por favor, resista. Não podemos perdê-lo agora, depois de tudo...

— Como é bom ouvi-la ainda me chamar de papai, minha filha – falou Philippe, ofegante.

— Em meu coração só existe um pai e uma mãe. Então, para que eu não me torne órfã, resista.

Quando Pascal preparava-se para jogar-se sobre a porta da cozinha, que era a única fechada somente com uma chave, Bastien colocou-se à sua frente e o impediu.

— René está lá fora e está armado, esperando que façamos isso. Ele vai atirar em cada um que conseguir sair. Não é a primeira vez que ele faz isso.

— Mas, o que faremos então? Se ficarmos aqui vamos morrer. Todos vão morrer – gritou Pascal, com a fumaça já fazendo com que todos tossissem, enquanto o fogo começava a aparecer no teto de madeira.

— Você tem uma arma? – perguntou Bastien.

— Uma pistola com dois tiros.

— Só temos uma chance. Você fica ao lado da porta e eu a derrubo com o corpo. Assim que eu sair, ele vai atirar. É o tempo que você tem para aparecer na porta e atirar também. Sobreviverá quem tiver a melhor pontaria. Você atira bem, Pascal?

— Acertar um pato voando é mais fácil do que acertar um homem, senhor. Mas eles estão em dois e Flammarion Duncert também deve estar armado.

— Flammarion é trêmulo, não conseguiu acertar o senhor Philippe a dois metros de distância. Temos que agir agora, enquanto ainda podemos respirar.

— Não, ele é meu filho também — gritou Chambot. — Sei que nunca fui um pai de verdade, mesmo assim não posso suportar a ideia de ver qualquer um de vocês mortos. Então vá, Bastien, derrube esta porta e deixe-me sair. Quem sabe eu tenha uma chance de convencê-lo.

— Não temos tempo, senhor. Não podemos esperar muito tempo aqui dentro.

— A porta da frente abre alguns centímetros, mesmo com tábuas pregadas por fora. Usem alguma coisa para fazer alavanca e derrubarão as tábuas enquanto converso e distraio René e Duncert.

A porta dos fundos abriu-se como se tivesse sido explodida e, num primeiro momento, o que saiu de dentro da cozinha foi somente fumaça. Depois, no meio dela apareceu Chambot, andando lentamente e com as mãos erguidas. No mesmo momento em que Bastien batia na porta dos fundos, por fazerem juntos uma contagem regressiva, Pascal fazia o mesmo na da frente, conseguindo abrir a brecha que Chambot previa, sem chamar a atenção.

— Acha que não vou atirar em meu pai? — gritou René, a cerca de quinze metros da casa, parado em pé, no caminho para o pequeno lago. — Não queremos você, Chambot, mas, se ninguém sair, será mais fácil, não gastarei nenhum tiro.

— Não foi isso o que combinamos, René. Vocês já têm o que querem...

— Você combinou isso com Flammarion e ele tem tudo o que quer, eu não — falou René, começando a estranhar a demora dos outros saírem. O fogo já deixava o lugar muito quente e a fumaça tomava conta de todo o interior da casa.

– Onde está Duncert? – perguntou Chambot, apenas para ganhar tempo, pois não encontrara nenhuma outra coisa para dizer e René entendeu o que ele estava fazendo. No mesmo instante ouviram um tiro, e outro, em seguida.

Depois de ter ajudado René a acender as pedras enroladas com pano e óleo, Duncert tinha se distanciado para assistir ao espetáculo à distância, próximo à floresta. Porém, quando viu que pessoas saíam de dentro da casa e, ao mesmo tempo, Chambot conversava com René, do outro lado, entendeu o que estava acontecendo e correu pela estrada para impedi--los. Pascal já havia colocado Philippe na carruagem e agora ajudava as mulheres a entrarem quando o viu e fez sinal para Bastien, que vinha da casa trazendo Beatriz e Isabelle. Bastien não teve dúvida em se colocar na frente de Duncert, mas este também não teve dúvida em disparar. Porém, as mãos trêmulas de Duncert não tornariam fácil a ação estando parado, quanto mais correndo, e o segundo tiro também foi em vão. Bastien, ainda incrédulo diante da atitude do avô em tentar matá-lo, continuou parado até que Flammarion parasse na sua frente e tentasse espancá-lo com a arma descarregada.

– Imbecil! Você acha que eles nos deixarão em paz? Vão nos seguir até o inferno pela joia... por vingança... até o inferno...

Usando sua força, Bastien tirou a arma das mãos do avô e prendeu-o com os braços, depois se virou para a carruagem onde Pascal, Marie, Isabelle e Beatriz ainda não tinham subido, e gritou:

– Vão! Eu as alcanço... Vão enquanto é tempo.

Benoît já segurava as rédeas e era com dificuldade que conseguia se conter para não atiçar os animais. Foi quando René passou por dentro da casa tomada pela fumaça e encontrou a porta da frente aberta. Bastien ainda tentava conter Flammarion, que se debatia alucinadamente em seus braços, quando René atirou, a poucos passos deles, e Duncert parou de se debater, imediatamente. Mesmo com o som da casa sendo queimada, o eco do tiro pareceu repercutir demoradamente, fazendo com que todos parassem, extasiados. Então Chambot veio de dentro da casa e abraçou René por trás, numa tentativa insana de fazê-lo parar, mas Duncert e Chambot eram velhos, e René, assim como Bastien, eram jovens e fortes. Em um instante René se desvencilhou do abraço, deu dois passos e atirou em Chambot, que caiu, imediatamente.

René jogou fora a pistola e puxou outra de dentro do casaco, apontando-a para Bastien e, antes de atirar, ainda falou:

– Você sempre foi um fraco, Bastien. Você e Henri sempre foram fracos.

Assim que falou, atirou, mas o que todos ouviram foi um som duplicado, como se dois tiros tivessem sido dados ao mesmo tempo. Então Bastien, que ainda segurava o corpo inerte de Flammarion, caiu, e René também, a poucos passos dos dois, enquanto Pascal abaixava sua arma. Havia atirado ao mesmo tempo que René.

Quatro corpos caídos no gramado ao redor da casa, agora imersa em altas labaredas. O fogo, símbolo dos Vagalumes. Que triste despedida para Flammarion Duncert! Gritos se perdiam ao som das chamas estalando vigas, que se partiam e desabavam para dentro das paredes de pedra. Gritos de desespero de Isabelle, de Marie e de Suzette. Beatriz parecia uma estátua de olhos esbugalhados, parada com os braços um pouco abertos ao lado da carruagem. Todos demoraram alguns segundos até conseguirem se movimentar e Isabelle foi a primeira a correr na direção de Bastien, que caíra agarrado ao corpo de Duncert. Foi a primeira também a respirar com algum alívio, por perceber que Bastien ainda vivia, embora tivesse o lado do rosto e o pescoço muito ensanguentados, mas estava com os olhos abertos e tentava se desvencilhar do avô, preocupado ainda com René.

Marie correu até Chambot logo após Isabelle, e Pascal já estava muito perto de René, com a pistola apontada para ele.

Tinha usado só o primeiro tiro da arma de dois canos e estava pronto para atirar novamente, se precisasse. Vizinhos mais distantes começavam a aparecer pelo caminho que trazia até a casa do professor excêntrico, atraídos pelo incêndio. A primeira atitude da auxiliar das irmãs do *Hôpital Saint Marguerite* foi verificar se o coração de Chambot ainda batia.

– Ele vive, Pascal. Precisamos levá-lo daqui, agora. Ele e Bastien precisam ir para o hospital – gritou Marie, vendo que Bastien, mesmo com bastante sangue pelo rosto e pelo corpo, conseguia se levantar.

Pascal ainda estava envolvido pelo choque de matar uma pessoa, por isso não respondeu. Aos poucos sua razão ia se dando conta do que acabara de fazer e o que havia falado a Bastien sobre a diferença entre matar um pato e um homem, estranhamente retumbava em seu pensamento. Seu tiro havia entrado pelo pescoço de René, logo abaixo da orelha. Antes de se sentir paralisado pelo choque de matar uma pessoa, ainda agindo impulsivamente, já havia virado o corpo de René com o pé e agora ele e Marie se admiravam pela semelhança absurda entre os irmãos. Se tivessem chegado naquele momento e Bastien não estivesse ali, jurariam diante de Deus que aquele era Teofille, o médium.

– Vamos, Pascal, não podemos esperar. Precisamos levar Chambot para o hospital.

– Não terei todo este tempo, minha filha – falou Chambot, com uma voz soprada, como se fosse um chiado e esforçando-se para virar o corpo para cima.

– Não se esforce, professor.

– Todo o esforço do mundo valerá a pena para poder vê-la mais uma vez, minha melhor aluna. Não se preocupe, eu sei que meu tempo acabou.

– Não fale tolices! O senhor me ensinou a ser racional, a medir as possibilidades...

– E o que acha que estou fazendo? – sussurrou Chambot. – Está acabando, Marie, está acabando. Sinto a vida escoando do meu corpo e, veja... veja quem está aqui! Você consegue vê-la? É Françoise... é Françoise...

Os olhos de Chambot se fecharam e Marie, que havia apoiado a cabeça do mestre no colo, sentiu o corpo dele se soltar. Quis gritar, quis brigar com o velho professor teimoso, mas ele a havia ensinado a ser racional mesmo se a emoção a dominasse. O que poderia fazer agora? Era a primeira vez que sentia a morte assim, tão de perto. Mas já sabia que não havia como se enganar.

Bastien, com a camisa enrolada ao redor da cabeça, onde a bala de René passara raspando, abraçado a Isabelle e Beatriz, estava logo atrás de Marie. Suzette havia descido da carruagem e agora olhava a cena à distância, sem saber que atitude tomar. Pascal começava a sair do torpor que o dominara. Três corpos sem vida no gramado e muitas pessoas começando a rodear o grupo, enquanto as madeiras mais grossas do telhado ainda caíam, fazendo cinzas e fagulhas se espalharem muito alto. Foi então que Chambot respirou ainda mais uma vez, profundamente, abriu os olhos e disse:

– Não posso partir sem seu perdão, minha filha... não posso. Eu e Françoise pedimos seu perdão... Por favor.

– Eu não tenho nada a lhe perdoar, meu querido amigo, quanto mais a Françoise – falou Marie, tomada de uma ternura imensa e sentindo que estava cercada por forças do bem, como nunca antes havia sentido.

Repentinamente o ambiente de pavor onde estavam se modificou e ela se viu como estava, sentada no gramado com a cabeça de Chambot no seu colo, mas as pessoas eram outras. Pessoas que ela não conhecia, mas que irradiavam luz e paz ao seu redor e, bem à sua frente, estava uma mulher ajoelhada. Ela tinha cabelos castanhos-claros cacheados e os olhos eram amendoados, como os de Marie. Ela não disse nada, apenas sorriu e Marie entendeu que era Françoise, sua mãe. Os soluços quiseram embargar sua voz, mas ela sabia que o professor esperava uma resposta, e também esperava que ela usasse a razão acima da emoção, por isso colocou delicadamente a mão no rosto de Chambot e fez um carinho, para depois falar:

– Poucas pessoas têm a felicidade de terem dois pais e duas mães. Pena que eu soube disso tão tarde, mas a eternidade nos espera, meu amigo, e ela ainda nos abraçará. Você e minha mãe têm de mim todo o perdão que eu nem precisava dar – falou, olhando para Chambot e para Françoise, que tinha o rosto cheio de lágrimas.

A realidade física demorou a envolvê-la novamente, mesmo quando ouviu Suzette chamá-la. Aos poucos ela voltava para o gramado, o fogo e a morte. Chambot estava com os olhos fechados e Marie sabia que agora ele havia partido em paz. Então ela ouviu sua mãe mais uma vez e viu que os outros corriam para a carruagem. Com um tremor, ela voltou completamente e ainda ouviu sua mãe gritar:

– Philippe... Philippe... por favor...

Capítulo 33

Angers, 13 de abril de 1876.

A noite caía em Angers e a chuva mais forte lavava a cidade, formando enxurradas que se dissolviam no Maine. Seria uma noite fria e irmã Deodore abraçava sua neta Marie demoradamente, ao lado do corpo do filho, no *Hôpital Saint Marguerite*. Marie já havia explicado a ela que sabia de tudo, mas que não tinha nenhuma mágoa contra ela, tampouco contra o doutor Roquebert, que sumira desde o dia anterior, deixando o hospital em dificuldades, pois não contavam com muitos médicos.

– Obrigada por me entender, e por me perdoar também. Você é um anjo que desceu à Terra – falou a irmã com os olhos molhados. – Mesmo que seja um anjo pouco obediente e dado a acreditar em espíritos.

– Ora, o que são os anjos senão espíritos, irmã? Se acredita em um, precisa acreditar no outro. Mas agora vamos, não quero sair de perto de papai. Tão logo ele melhore, vamos conversar sobre o que fazer com *La Dame Bleue*, já que ela pertence à sua família. Gostei de sua ideia de aumentar o hospital ou construir uma escola.

Irmã Deodore, sorrindo, levou a neta até o corredor onde ficava o quarto de Philippe e dali foi para sua sala, ainda tomada por emoções descompensadas. Quando Marie estava para entrar no quarto, doutor Beaumont e Suzette a abordaram e os olhos da mãe estavam molhados demais para ela não ficar preocupada.

– O que aconteceu agora? O que houve com papai?

– Não podemos perder a esperança – falou o médico, colocando cada mão no ombro de uma delas. – Mas vocês precisam ser fortes. A chance de ele sobreviver é muito pequena.

Quando o médico terminou de falar, também com os olhos molhados, Bastien apareceu no final do corredor e veio na direção do grupo. Mãe e filha estavam agora abraçadas, enquanto o médico, também tomado pela emoção, voltava para dentro do quarto. Bastien fora detido pelo comissário para prestar esclarecimentos, já que ainda era procurado depois de ter desaparecido da prisão. Não foi difícil explicar como Duncert subornou o único guarda que ficara de vigia, na noite em que a casa de Philippe pegou fogo, para que o libertasse e depois mentisse que ninguém havia entrado ou saído dali. Também não foi difícil explicar tudo que estava acontecendo, sendo que o comissário e seus guardas haviam levado os corpos para o necrotério e seu irmão gêmeo estava entre eles.

Havia ainda muitas explicações para dar, inclusive sobre um crime antigo do qual Bastien era acusado, mas, ciente da condição do senhor Philippe de Barrineau, o comissário apenas pediu para que Bastien não saísse da cidade até concluírem as investigações. O comissário também informou que era bem possível que Bastien fosse a julgamento e teria, no mínimo, que pagar um multa, pois estava envolvido em vários crimes, porém, da única queixa real que havia sobre ele em Angers, já fora inocentado pela própria Filomena, ou Isabelle, sua esposa.

Mãe e filha ainda não sabiam exatamente o que sentiam por Bastien, já que ele se fizera passar por Teofille e as enganara. Por isso, quando parou na frente delas e percebendo o estado de emoção que se encontravam pela situação de Philippe, falou, como se mais uma vez lesse seus pensamentos:

– Lamento imensamente tê-las enganado. Por minha vontade, jamais teria feito isso. Mas, até o dia em que fui preso, quem estava hospedado com vocês era Teofille, o médium, que fazia da mediunidade uma forma de ganhar a vida, indiferente da veracidade das manifestações que produzia. Hoje, porém, quem está aqui é Bastien Bautan e, se permitirem, provarei que nada em mim restou do outro.

– Você é meu irmão, Bastien. Mesmo que seja por caminhos tão tortuosos, é meu irmão – falou Marie, segurando o braço daquele homem por quem há tão poucos dias estava perdidamente apaixonada, sentindo que a paixão se esvaíra completamente pelas frestas do destino. – Só lamento o fato de papai talvez não poder ter mais um filho, já que é meu irmão. Doutor Beaumont nos disse...

– Ele viverá, Marie – interrompeu Bastien. – O fato de eu ter usado de maneira errada o meu dom não o fez ser uma mentira ou ter desaparecido, felizmente.

– O que me diz, senhor? Como pode ter tanta certeza? – perguntou Suzette.

– Senhora, antes que eu lhe dê mais explicações, permita-me conversar com Marie a sós. Creio que o senhor Philippe gostaria que não perdêssemos muito tempo agora – falou Bastien. Assim que Suzette assentiu com a cabeça, ele puxou Marie pela mão e foram até a sala da irmã Deodore, que ficou um pouco confusa aos vê-los entrando. De repente, dois netos entravam pela sua porta e ela não tinha a mínima ideia de como deveria agir.

– Apenas nos permita usar sua sala por alguns minutos, senhora – pediu Bastien. – E, como é uma pessoa de fé, nos ajude com suas orações.

– O que vocês pretendem fazer aqui? – perguntou a irmã, preocupada por saber que seus netos eram dados a ideias espiritistas.

– Com a graça de Deus, vamos buscar uma pessoa que não consegue voltar.

– Nem eu estou entendendo o que pretende, Bastien – falou Marie, sentando-se na cadeira que este oferecia, à frente da mesa de irmã Deodore.

– Como lhe disse há pouco, o fato de eu ter usado mal o dom que Deus me deu, não o torna uma mentira. Sou médium, Marie, vejo e escuto os espíritos com muita facilidade, tanto que vi minha mãe ajoelhada à sua frente quando se despedia de Henri... Perdoe-me, não consigo chamá-lo de pai.

– Você viu o que aconteceu? Eu ainda tinha dúvidas se era mesmo real...

– Ora, você estudou tudo que chegou às suas mãos sobre a vida dos espíritos, conhece a fundo os estudos de Allan Kardec, como pode não perceber que é tão médium quanto eu?

– Eu não acredito que isto está acontecendo em minha sala – falou irmã Deodore, com os dois cotovelos apoiados sobre a mesa e as mãos segurando o queixo. Mas Marie e Bastien não se importaram com a observação dela. Era como se rapidamente se assumissem como netos, portanto, sabiam que quase tudo podiam fazer, sem maiores admoestações.

– E o que espera que eu faça? Como minha mediunidade pode ajudar papai? O que lhe disseram sobre ele?

– Calma, minha irmã – falou Bastien, estranhando um pouco tê-la chamado de irmã de forma tão espontânea. – Enquanto eu me explicava com o comissário, um senhor que se apresentou como Denis de Barrineau, e creio que seja o pai do senhor Philippe, falou comigo pedindo urgência na minha vinda até o hospital. Como eu estava conversando com o comissário, não pude inquiri-lo adequadamente. Só pude ouvir que ele repetia várias vezes que eu precisava ensinar a você a ajudar Philippe. Esperava encontrá-lo novamente depois que saí do comissariado, mas isso não aconteceu. Como lhe disse, nem tudo acontece sob minha vontade.

Enquanto Bastien falava, irmã Deodore, com os olhos correndo entre um e outro, balançava negativamente a cabeça e pensava: como as pessoas poderiam acreditar em tais coisas sem medo de ofender a Deus?

– Se é para ajudar papai, não podemos mesmo perder tempo. O que é preciso que o senhor me ensine?

– Na verdade, não sei. Mas, pelo que vi acontecer na casa de Henri, creio que você aprenderá bem rapidamente. Por muito tempo eu usei a mediunidade somente para mim, porque era egoísta. De agora em diante, somente a usarei pelo bem dos outros. Como não me modificar depois do exemplo que tive de amor e perdão que aflorou em nossas vidas depois que abrimos as portas para a doutrina de Kardec? Como?

– E o que eu faço, Bastien, o que eu faço? – perguntou Marie, ansiosa.

– Vamos rezar. Antes eu não rezava quando usava a mediunidade, mas agora sinto que a oração é necessária. Além do mais, o que podemos fazer além de rezar e pedir ajuda? Também estou aprendendo, Marie. Antes eu apenas praticava, mas agora quero usar a mediunidade de maneira cristã. Então, minha avó, se tem fé, nos ajude rezando também.

Irmã Deodore assustou-se com as palavras de Bastien. Sentiu o corpo tremer e ficou na dúvida entre exercer sua autoridade de diretora do hospital ou ceder aos aparentes caprichos dos netos. Porém, o que lhe pediam eram apenas orações, como ela poderia negar? Então, quando Marie e Bastien fecharam os olhos, em aparente estado de oração, ela puxou silenciosamente sua gaveta e de lá tirou um rosário.

Não demorou para que Marie estremecesse e abrisse os olhos, como se estivesse assustada, depois dobrou o corpo para a frente e debruçou-se sobre a mesa, dormindo imediatamente.

– Ela dormiu? – perguntou a irmã, enquanto Bastien sorria.
– Como pode alguém dormir tão rapidamente?

***

O pequeno pássaro azul-claro voou do galho onde cantava e veio pousar no ombro de Marie, enquanto borboletas amarelas se espalhavam ao redor do caminho por onde ela passava, margeando um riacho de águas cristalinas. Lá no fim do caminho havia uma luz branca que a atraía e a fazia caminhar cada vez mais rapidamente. O pássaro azul-claro pulou do seu ombro e voou na sua frente, mas ela sabia que não podia correr, por que, ao seu lado e segurando sua mão, seu pai estava mais deslumbrado com o caminho do que querendo voltar logo ao corpo.

– Então é aqui que vive o seu pássaro azul-claro? – perguntou Philippe. – Como é lindo!

– Sim, é aqui, e sempre dá vontade de ficar. Mas veja o que o aguarda – falou Marie, apontando para a luz à frente no caminho e onde se podia ver uma cama com o corpo do pai deitado. – É hora de voltar, papai. Temos muita coisa a fazer nesta vida ainda. Depois de tudo isso, duvido que alguém possa pensar em me impedir de fazer um curso na *Facultés Libres de l'Ouest*.

Philippe ainda parou ao lado da cama e sorriu da esperteza da filha, enquanto um pássaro azul-claro entrava pela janela e dava voltas no quarto, assustando Suzette, Isabelle e Beatriz.

– Um pássaro azul! – gritou Beatriz, para surpresa de todos ao ouvir sua voz, o que era tão raro. – Um pássaro azul que voa à noite... Deve ser um anjo, mamãe.

Philippe olhava para Marie tomado de encantamento. Não era sua filha fisicamente, mas como poderia não ser filha de sua alma, com tanto amor que os unia? Por isso apenas abriu os braços e a abraçou. O pássaro azul-claro encontrou o caminho de volta, fugindo pela janela, enquanto que pai e filha, abraçados pelo amor, transformavam-se em luz.

Balneário Camboriú, 25 de agosto de 2016.

Conheça outras obras de Mauro Camargo:

Eu queria ser Bezerra de Menezes

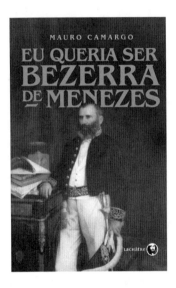

Todos temos ao nosso redor as ferramentas e os professores de que necessitamos no caminho de nosso progresso. Alguns aproveitam melhor essas oportunidades e se distanciam rapidamente, outros estacionam à margem do caminho por largo tempo, à espera de que um grande evento os sacuda da inércia.

Perdão

MAURO CAMARGO

Uma quadrilha formada por funcionários públicos graduados e pessoas da alta sociedade parece não ter limites em sua ganancia nem obstáculos que impeçam as suas ações, deixando atrás de si uma trilha de dor e destruição.

Até onde a Providência Divina os deixará agir?

"Se alguém acha que é possível buscar a felicidade sem perdoar e ser perdoado, é porque ainda alimenta em si a incandescente fogueira do egoísmo."

Leia a trilogia

Paris, setembro de 1793 / O Magneto / Ombra e Lutz

Paris, setembro de 1793: A mesma Paris que, em meio ao Terror da Revolução Francesa, mandava milhares de pessoas para a guilhotina, conheceu Mesmer e os estudos sobre o magnetismo animal.

O Magneto: Benoît Mure, Hahnemann e Fourier, espíritos que Kardec chamou de "precursores do espiritismo", são os personagens desta obra, surpreendente pela precisão histórica, pela qualidade do texto e pela trama instigante que não nos permite largar o livro antes do final.

Ombra e Lutz: No século XII, um grupo de espíritos encarnou na Europa para relembrar a verdadeira mensagem do Cristo, mas a Igreja não iria permitir uma ousadia dessas

Alor

MAURO CAMARGO

"Vista ao longe, a ilha do Padre não apresentava os mesmos atrativos daquela região tão privilegiada pela natureza. As dificuldades naturais de atracação tornavam-na pouco interessante até para os espíritos mais aventureiros. Mas, para aqueles que penetravam seus segredos, era a prova definitiva da suprema solidariedade que deve reger todos os seres do universo."

Quando chega o Natal

MAURO CAMARGO

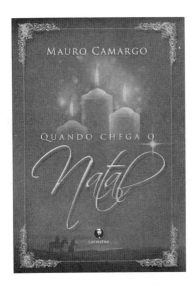

Belíssimas histórias de Natal escritas sob a ótica espírita com o objetivo de meditarmos sobre o verdadeiro significado da comemoração do nascimento de Jesus.

Esta edição foi impressa em setembro de 2016 pela Assahi Gráfica e Editora, de São Bernardo do Campo, para o Instituto Lachâtre, sendo tiradas três mil cópias, todas em formato fechado 140x210mm e com mancha de 110x180mm. Os papéis utilizados foram o Off-set 75g/m² para o miolo e o Cartão Supremo 300g/m² para a capa. O texto principal foi composto em Times 12/14,4, os títulos foram compostos em Meridien LT Std 30/36, as citações e as notas de rodapé, em Times 10/12. A revisão do texto foi feita por Sandra Knoll; a ilustração da capa e a da página 12 são de Zé Otávio e a programação visual da capa é de Andrei Polessi.